Claudia Böschel

99 Tipps

für DaZ

Cornelsen

Claudia Böschel (M.A.) arbeitet als freie Dozentin in den Bereichen DaZ und Gymnastik/ Tanz. Sie ist sowohl im Unterricht als auch in der Lehreraus- und -fortbildung tätig. Ihre große Leidenschaft ist die Didaktik. Immer wieder probiert sie neue Methoden und Materialien aus und entwickelt Programme wie z. B. Fremdsprache in Bewegung. Auch als Autorin ist sie seit Jahren aktiv und hat unter anderem die Grundstufenreihe Ja genau! mit verfasst.

Projektleitung: Amira Sarkiss, Berlin
Redaktion: Karolin Gerhardi, Köln
Illustration:
S. 35: Steffen Jähde, Sundhagen
S. 39: Fotolia/Sonja Janson (Strichmännchen); Steffen Jähde, Sundhagen (Stift, Mund)
S. 124: Susann Hesselbarth, Leipzig (Boxer); Kristina Klotz, München (lachendes Mädchen, Zieleinlauf);
Bianka Leonhardt, Ahrensburg (Sportbälle); Liane Oser, Hamburg (Pokal); Steffen Jähde, Sundhagen (Fußball, Trend)
Fotos: S. 124: Fotolia/Maksim Pasko (Pflanze)
Umschlagkonzept: Jule Kienecker, Berlin
Umschlaggestaltung: LemmeDESIGN, Berlin
Layout/technische Umsetzung: Kösel Media, info@koeselmedia.de
Die Reihenkonzeption wurde von Cornelia Colditz und Claudia Kahlenberg im Rahmen eines studentischen Wettbewerbs im Studiengang Verlagsherstellung an der HTWK Leipzig (www.verlagsherstellung.de) unter Leitung von Julia Walch, Bad Soden, entwickelt.

www.cornelsen.de

1. Auflage 2017

Druck: AZ Druck und Datentechnik GmbH, Kempten

ISBN 978-3-589-15212-4

PEFC zertifiziert
Dieses Produkt stammt aus nachhaltig
bewirtschafteten Wäldern und kontrollierten
Quellen.

PEFC
PEFC/04-31-2260
www.pefc.de

INHALTSVERZEICHNIS

SOZIALES KLIMA

SICH ETWAS EINPRÄGEN

FEHLERKORREKTUR

Rezeptive und produktive Fertigkeiten

Grammatik

Bewegung, Rhythmus, Theater

Deutsch als Zweitsprache zu unterrichten ist eine vielseitige, anspruchsvolle Arbeit, bei der man als Lehrer insbesondere zwei großen Fragestellungen gegenübersteht. Erstens: Wie schaffe ich es, die sehr unterschiedlichen Lernvoraussetzungen unter einen Hut zu bringen und jeden Schüler gleichermaßen gut zu fördern? und zweitens: Was für Aufgaben und Übungen sind wirklich sinnvoll, um in kürzester Zeit den Anschluss an die „normale" Klasse zu gewährleisten?

Diese Fragen habe ich mir im Unterricht immer wieder gestellt und viel didaktisch experimentiert – mit dem Ergebnis der vorliegenden Sammlung an Tipps. Diese sollen Ihnen helfen, einen individuellen, abwechslungsreichen und effektiven Unterricht zu gestalten, ohne dass Sie dabei gleich Kopfstände machen müssen.

Ich wünsche Ihnen viel Freude beim Stöbern und Ausprobieren!

Claudia Böschel

P. S.: Aus Gründen der besseren Lesbarkeit wird in diesem Buch durchgehend die männliche grammatische Form verwendet. Natürlich sind damit immer auch Mädchen und Frauen gemeint, also Schülerinnen, Lehrerinnen etc.

Den ganzen Tag eine fremde Sprache zu hören und obendrein darin Lerninhalte vermittelt zu bekommen, ist extrem anstrengend. Außerdem ist es natürlich äußerst frustrierend, wenn man, gerade am Anfang, noch gar nichts verstehen kann. DaZ-Schüler müssen sich stark konzentrieren und benötigen mehr Pausen als Schüler, die in ihrer Muttersprache unterrichtet werden.

Eine fremde Sprache den ganzen Tag hören ist anstrengend

Es kommt erschwerend hinzu, dass das deutsche Schulsystem ein völlig anderes ist als in den Heimatländern der Schüler. Autonomes Lernen, das Arbeiten in Kleingruppen usw. sind ihnen in der Regel nicht bekannt und werden oft auch nicht gleich als sinnvoll erachtet. Um die ungewohnten Arbeitsmethoden einzuführen, müssen längere Erklärungsphasen erfolgen. Das kostet Zeit und erfordert Geduld von allen Seiten.

Ein weiteres Thema, das sowohl für die Schüler selbst als auch für den Lehrer eine Herausforderung darstellt, ist die Heterogenität der Lerngruppe. Denn es ist nicht nur die Muttersprache, in der sich die Schüler unterscheiden. Sie sind meist auch verschieden alt (was mit beginnender Pubertät problematisch sein kann) und sie kommen aus diversen Kulturen mit ganz unterschiedlichem Weltwissen (Tipp 81).

Heterogene Schülergruppen

❯ Tipp 81

Manche von ihnen hatten möglicherweise seit Längerem nicht die Chance, zur Schule zu gehen, können nicht einmal richtig lesen und schreiben, andere hingegen schon. Einige sprechen vielleicht mehrere Sprachen, darunter auch etwas Deutsch, andere verstehen absolut gar nichts, haben noch nie eine Fremdsprache gelernt und können generell mit grammatischen Begriffen nichts anfangen.

Wenn Sie also für alle Schüler einen einheitlichen Unterricht anbieten, werden Sie scheitern. Die Binnendifferenzierung ist in Klassen mit solcher Heterogenität die einzig mögliche und zielführende Unterrichtsform (Tipp 12–28).

❯ Tipp 12–28

Achtung!

Gerade in Deutschland angekommen, in Gedanken noch auf der Flucht oder bei den Zurückgebliebenen in der Heimat, ist es besonders für Flüchtlingskinder sehr schwer, sich auf den Unterricht zu konzentrieren. Zudem ist auch die Lage in Deutschland für sie unsicher, solange ihr Status nicht geklärt ist und die Abschiebung wie ein Damoklesschwert über ihnen hängt. Viele dieser Schüler haben schon viel Leid erlebt, müssen traumatische Erlebnisse verarbeiten und leben zudem gegebenenfalls in einer sehr beengten Notunterkunft – es gibt hunderte von Gründen, warum eine Eingewöhnung in den Klassenverband problematisch sein könnte und von Ihnen viel abverlangt. Aber behalten Sie immer diesen Hintergrund im Kopf. Geben Sie diesen Schülern Zuwendung und achten Sie auf viel Bewegung (Tipp 95 – 97).

❯ Tipp 95 – 97

2 STOLPERSTEINE IM DEUTSCHEN KENNEN

Wenn man nicht explizit Deutsch als Zweitsprache studiert hat, ist man sich meist nicht bewusst, vor welche konkreten Probleme die deutsche Sprache Nichtmuttersprachler stellt. Die Rechtschreibung oder die Anwendung von Synonymen und Antonymen sind da eher nebensächliche Themen. Dass die deutschen Artikel jeden zum Stöhnen bringen, der sie lernen muss, ist das Einzige, was von Anfang an klar ist – aber der Rest? Es gibt viel mehr Stolpersteine, die man als DaZ-Lehrer kennen und berücksichtigen sollte. Die wichtigsten seien an dieser Stelle kurz genannt:

Grammatik

■ Da es im Deutschen nur wenige Regeln zu den Artikeln gibt, ist das für Lerner ein Horrorthema. Es gibt fast nichts, woran sie sich orientieren können. Ist der Artikel einmal falsch, ist auch die komplette Deklination nicht richtig (Tipp 87).

❯ Tipp 87

- Es gibt im Deutschen neun Pluralformen und unzählige weitere für Fremdwörter. In vielen Wörterbüchern fehlen die Angaben dazu komplett.
- Schwierig ist auch die Bildung des Perfekts, insondere deshalb, weil es extrem viele Ausnahmen bei den Partizip-II-Formen gibt (Tipp 89). ❯ Tipp 89

Achtung!

> Die Regeln, die es zu den Artikeln, den Plural- und den Partizipien gibt, sind äußerst kompliziert. Es ist deshalb nicht sinnvoll, diese systematisch einzuführen. Einfacher ist es zunächst, bei jedem neu eingeführten Nomen den Artikel und die Pluralform, bei jedem neuen Verb die Partizip-II-Form mitlernen zu lassen.

- Zeitadverbien und Zeitbegriffe werden sehr häufig benutzt, von Nichtmuttersprachlern aber oft falsch angewendet.
- Große Probleme bereiten beim Deutschlernen auch die Präpositionen (Tipp 86). ❯ Tipp 86
- Das Schlimmste für Nichtmuttersprachler ist der deutsche Satzbau. Dass man sich z. B. einen Teil des Verbgefüges für das Ende des Satzes aufheben muss oder sich ständig die Stellung von „nicht" ändert, ist für viele sehr schwer nachzuvollziehen. Um die Schüler im Umgang mit dieser Schwierigkeit zu unterstützen, helfen oft nur kreative Lösungen (Tipp 88) und eine konsequente Fehlermeldung. ❯ Tipp 88

Achtung!

> Die Schüler erst einmal ohne Fehlerkorrektur nur sprechen zu lassen, wäre fatal. Die Satzbaufehler sind später nicht oder nur noch sehr schwer korrigierbar.

Phonetik
- Ein typisches Problem ist die Unterscheidung von langen und kurzen Vokalen (Tipp 70, 71, 73), weil es eine solche Differenzierung in vielen Sprachen nicht gibt. ❯ Tipp 70, 71, 73
- Auch Konsonantenhäufungen und die Auslautverhär-

tung sind für viele Lerner schwer auszusprechen (z. B. *du sprichst*).

- Weitere problematische Laute sind der Hauchlaut [h], der Nasallaut [ŋ], [ts] und die Umlaute.

Lesen

- Verständigungsprobleme gibt es oft bei Fachtexten, insbesondere wegen der darin enthaltenen Nominalisierungen und Passivformen (Tipp 9).

> Tipp 9

- Auch Verweiswörter stellen eine Hürde dar (damit, dieser etc.)

3 JEDEN NEUEN SCHÜLER INTEGRIEREN

Es gibt selten eine Konstanz in der Zusammensetzung der DaZ-Klasse. Dadurch treten immer wieder Störfaktoren in der Gruppendynamik auf.

Für die neu hinzukommenden Schüler ist es besonders schwer. Die Klasse kennt sich bereits und Sie machen nicht ständig eine neue Vorstellungsrunde. Aber auch für die anderen Schüler ist ein „Neuzugang" eine Änderung des Vertrauten, was durchaus zu Sprachhemmungen führen kann.

Vollständige Integrität jedes Klassenmitglieds

Die vollständige Integrität jedes einzelnen Klassenmitglieds ist deshalb sehr wichtig.

Erstaunlicherweise gibt es Schüler, die auch nach mehreren Wochen gemeinsamen Unterrichts noch immer nicht alle Namen kennen. Über das Anprechen mit dem Namen jedoch wird viel transportiert: Der Adressat fühlt sich gesehen, respektiert, anerkannt. Ob alle Schüler einer Klasse sich namentlich kennen und auch sonst miteinander vertraut sind, hängt viel von der Bedeutung ab, die Sie dem Ganzen beimessen und wie viel Zeit Sie dafür einräumen. Gerade Letzteres ist bei der Fülle des zu vermittelnden Stoffes aber oft ein Problem. Aktivitäten, bei denen Spaß und soziales Miteinander im Fokus stehen, sind da üblicherweise die ersten Streichkandidaten. Das aber kann sich rächen.

Eine motivierte Arbeitsatmosphäre und die Beziehungen der Lernenden untereinander haben großen Einfluss auf das Abspeichern und die Abrufbarkeit von Informationen. Eine gute Gruppendynamik ist somit Grundvoraussetzung für einen erfolgreichen Lernprozess (Tipp 29 – 34). Versuchen Sie deshalb, immer mal zwischendurch Aktivitäten einzuschieben, bei denen die Schüler sich gegenseitig besser kennenlernen.

Gute Gruppendynamik als Grundvoraussetzung

❯ Tipp 29–34

Gleich mal ausprobieren

Hier zwei Vorschläge für Kennenlernspiele:

Ich begrüße alle, die ... (aus: Böschel 2015, S.17)
Alle außer Ihnen sitzen im Kreis. Für Sie gibt es keinen freien Stuhl mehr. Sie stehen in der Mitte und sagen z.B. „Ich begrüße alle, die keine Brille tragen." Alle Personen ohne Brille stehen auf und wechseln schnell die Plätze. Dann begrüßen Sie andere Personengruppen: z.B. alle, die etwas Schwarzes tragen, die gerne YouTube-Videos anschauen ...
Wenn sich der Ablauf etabliert hat, versuchen Sie sich beim Platzwechsel auch hinzusetzen, sodass eine andere Person übrig bleibt, die nun in die Mitte geht und sich einen Satz ausdenkt.

Frag mich doch
Alle schreiben auf einen Zettel eine Frage, die sie den anderen gerne stellen wollen. Dafür können Sie je nach Niveau auch Beispiele vorgeben:
Anfänger
Hast du Geschwister?
Was sind deine Hobbys?
Was isst du gerne?
Bist du schon einmal geflogen?
Welche Sprachen sprichst du?
Was ist deine Lieblingsmusik?
Welche Schauspieler magst du?
Fortgeschritten
Was kannst du gar nicht gut?

Wer hat dich zuletzt richtig überrascht?
Welchen Prominenten würdest du gerne einmal treffen?
Was machst du, wenn du Langeweile hast?
Welcher Spruch ist typisch für dich?
Was würdest du mit einer Million Euro tun?
Was war das Verrückteste, das du je getan hast?
Welcher deiner Freunde wohnt am weitesten entfernt?
Spezielle Themen
Was weißt du aus deiner Kleinkindzeit?
Was empfiehlst du als sehenswert in deiner Stadt?
Welche Zahnpasta benutzt du?
Ist es dir peinlich, gelobt zu werden?
Welchen Monat des Jahres würdest du gerne auf Dauer ab-
schaffen?

Alle gehen mit ihrem Zettel durch den Raum. Wenn Sie das
akustische Signal dazu geben, sucht sich jeder einen Partner.
Beide stellen sich wechselseitig ihre Fragen und antworten
darauf. Bei erneutem Signal geht es von vorne los.

4 MATERIAL FÜR SPRACHANFÄNGER FINDEN

Wenn Sie einen neuen Schüler haben, der noch gar kein oder
nur sehr wenig Deutsch spricht, ist es zunächst schwierig,
ihn in die Klasse zu integrieren. Wichtig ist aber, dass Sie es
trotzdem von Beginn an versuchen. Gut geeignet sind dazu
ritualisierte Unterrichtssituationen. Das können bestimmte
Einstimmungsspiele oder Lieder sein, aber auch wieder-
kehrende Signale bei Aufgabenstellungen, die Sie mit einem
❯ Tipp 33 visuellen Impuls verstärken (Tipp 33).

Das Wichtigste für den Neuankömmling ist zunächst viel
Anfangs Wortschatzarbeit, und diese lässt sich sehr gut auch eigen-
viel Wortschatzarbeit ständig leisten. Dazu können Bildwörterbücher, Wimmelbil-
der, visualisierte und/oder audiounterstützte Wortschatz-
listen, einander zuordenbare Wort- und Bildkarten sowie
Computerlernprogramme genutzt werden.

Für die Grundstufe gibt es auf dem Markt jede Menge Bildmaterial, auf das Sie zurückgreifen können. Achten Sie in der Sekundarstufe I allerdings darauf, keine zu kindlichen Abbildungen zu verwenden. Eine empfehlenswerte Reihe ist dabei „Schüler und Erwachsene lernen Deutsch mit Fotokarten"[1]. Es handelt sich dabei um authentische Fotos verschiedener Situationen, die in mehreren Sprachen übersetzt dargeboten werden.

Legen Sie sich am besten einen Fundus an Materialien an, auf die Sie jederzeit zurückgreifen können.

Fundus an Materialien anlegen

Gleich mal ausprobieren

Lassen Sie neue Schüler mit Klebezetteln den Unterrichtsraum beschriften (am besten gleich mit Artikel, Tipp 87). Dabei können die anderen Schüler als Wissensvermittler mit einbezogen werden.

❯ Tipp 87

LERNPATEN FESTLEGEN

5

Lassen Sie jeden Schüler für irgendeine Sache, die er gut kann, zum Experten werden. Dabei ist es nicht unbedingt nötig, dass es sich um ein Wissensthema handelt. Es können auch soziale Kompetenzen (Streitschlichter, Diskussionsleiter etc.) oder lernstrategische Fähigkeiten sein. Letzeres bezieht sich z. B. auf Personen, die sich Wörter schnell einprägen können und dabei interessante Strategien benutzen oder solche, die besonders sauber ihr Vokabelheft führen, tendenziell immer ihre Hausaufgaben machen usw.

Für den Bereich Deutsch könnten das Experten sein für die Rechtschreibung, den Wortschatz, bestimmte Grammatikthemen, die Aussprache, das Texterfassen, das Hörverstehen, Zahlen und Uhrzeiten, Synonyme, das Reimen etc.

Wird jeder Einzelne in der Klasse zum Experten für eine Sache bestimmt, erhöht das zum einen die Eigenmotivation

Eigenmotivation fördern

---

1 Die Reihe ist 2016 im Cornelsen Verlag erschienen.

und das Selbstbewusstsein der Schüler, es kann zum anderen aber auch Ihnen ganz entscheidend helfen. Denn wenn ein Schüler weiß, dass er bei einem Problem auch einen Mitschüler fragen kann, stellt das für Sie eine direkte Entlastung dar.

Gleich mal ausprobieren

Führen Sie zwei Listen: eine für Probleme, die einzelne Schüler haben, und eine für mögliche Experten. Sobald Sie für jeden Schüler etwas gefunden haben, was er verbessern bzw. wofür er Experte sein könnte, verteilen Sie „Lernpaten".

Ein Beispiel: Sara hat Probleme mit den Artikeln, schreibt aber fehlerfrei. Mario liest viel, hat aber trotzdem keine gute Rechtschreibung. Isabella macht kaum Artikelfehler, versteht aber oft in Texten nicht, worum es geht.

Mario bekommt einen Zettel, auf dem steht, dass er Experte für das Texterfassen ist und dass er dabei Isabella unterstützen soll. Wenn er bei der Rechtschreibung Probleme hat, soll er seine Lernpatin Sara kontaktieren.

Isabella wird zur Lernpatin für Sara beim Artikellernen und bekommt Hilfe von Mario beim Textverstehen.

Es können natürlich mehrere Schüler Experte für dieselbe Sache sein und auch eine Person Experte für mehrere Themen. Wichtig ist nur, dass jeder Schüler einen Lernpaten für sein Problem hat (bzw. für seine verschiedenen Probleme jeweils einen) und mindestens für eine Sache selbst Pate ist.

❯ Tipp 12 – 28 Wenn Sie nun Lernphasen integrieren, in denen Sie nicht frontal unterrichten (Tipp 12 – 28), haben die Schüler die Möglichkeit, sich untereinander auszutauschen. Das heißt z. B., dass Sie einen korrigierten Aufsatz zurückgeben, auf dem nur die Fehlerart markiert ist, aber nicht die richtige Lösung steht. Dann können die Schüler mit ihren jeweiligen Lernpaten darüber diskutieren und die Fehler selbst korrigieren.

6

Alles in uns bewegt sich: Das Herz schlägt, wir atmen, die Muskeln kontrahieren. – Und wir? Wir sitzen, oft stunden-, manchmal so gut wie den ganzen Tag lang! Langes Sitzen vermindert die Durchblutung, was nicht nur ohnehin ungesund ist, sondern auch den Lernprozess behindert.

Die Notwendigkeit von Bewegung im Unterricht wird von vielen Lehrern unterschätzt. Der gezielte Einsatz von Bewegung in Form von Energieaufbauübungen führt jedoch erfahrungsgemäß zu eindeutig positiven Ergebnissen. Solche Übungen machen Spaß und bringen Leichtigkeit in den Unterricht. Die Schüler werden flexibler, die Gruppendynamik verbessert sich, der Unterricht wird unbeschwerter und insgesamt entspannter.

Energieaufbauübungen bringen Leichtigkeit in den Unterricht

Die Einsatzmöglichkeiten von Energieaufbauübungen sind vielschichtig. Zu Beginn einer Einheit erleichtern sie das mentale Ankommen und fördern die Aufmerksamkeit (Tipp 94, 96). Darüber hinaus eignen sie sich hervorragend, um Themenblöcke voneinander zu trennen und die Konzentrationsfähigkeit wiederherzustellen. Das Gehirn wird quasi auf „reset" geschaltet, kann sich neu ausrichten und es entsteht neuer Raum für Gedächtnisleistungen aller Art.

❯ Tipp 94, 96

Unter dem Suchbegriff „Energieaufbauübungen" finden Sie im Internet eine Vielzahl unterschiedlicher Methoden. Im Folgenden werden ein paar Beispiele vorgestellt.

Gleich mal ausprobieren

Grenzen Sie die Energieaufbauübungen deutlich von der sonstigen Unterrichtsführung ab, um dadurch einen klaren Bruch zu schaffen.

Energie 1 bis 10 (Böschel 2015, S. 40)
Alle Schüler gehen in die Hocke und sagen leise und kraftlos 1, dann werden alle gemeinsam immer größer und lauter. Bei 10 strecken alle ihre Arme und rufen laut und kraftvoll „10".

Kotzendes Känguru (Böschel 2015, S. 32)
Bevor Sie die Aktivität zum ersten Mal starten, müssen Sie ein paar Figuren erklären. Wählen Sie drei Figuren aus und suchen Sie sich zwei Partner, mit denen Sie die Figuren vormachen. Nennen Sie dabei jeweils den Namen der Figur.
Für das eigentliche Spiel gehen dann immer drei Schüler zusammen. Sie nennen abwechselnd eine der drei Figuren und die Schüler stellen sich dementsprechend auf. Wenn Sie z. B. „Kotzendes Känguru" sagen, breitet die mittlere Person ihre Hände zu einem großen Kreis aus (Beutel), in den die anderen zwei sich geräuschvoll übergeben.
Weitere Figuren:
Toaster: Eine Person wird in die Mitte genommen, die anderen beiden fassen sich an den Händen und spielen den Toaster. Der „Toast" in der Mitte hüpft auf und ab.
Kuh: Eine Person spreizt die Hände, die anderen „melken".
Elefant: Die äußeren Personen bilden jeweils einen Halbkreis mit ihren Armen, die mittlere Person formt mit den Armen den Rüssel.
Wackelpudding: Die mittlere Person kreist mit den Hüften und wedelt mit den Armen. Die äußeren Personen fassen sich an den Händen und stellen den Becher dar.
Die Figuren können Sie beliebig abwandeln und neu erfinden.

7 EINE ANGSTFREIE ATMOSPHÄRE SCHAFFEN

Angst ist der größte Feind der Kommunikation: Angst, etwas Falsches zu sagen und ausgelacht zu werden, Angst, zu lange zu brauchen, ehe man die richtigen Worte findet, Angst, nicht perfekt zu sein ... Angst lässt sofort verstummen, nichts geht mehr (Tipp 43).

❯ Tipp 43

In einer Untersuchung zum Thema Sprechmotivation und Sprechangst konnte festgestellt werden, dass nicht Grammatik oder fehlender Wortschatz das Hauptproblem für Sprechhemmungen darstellen, sondern Motivation, generelle Introvertiertheit und eben Angst (vgl. Fischer 2005).

Die meisten Lehrer, die sich um einen guten Unterricht bemühen, sind vermutlich fest davon überzeugt, dass in ihrem eigenen Unterricht eine fehlertolerante und angstfreie Atmosphäre herrscht. Wovor sollten die Schüler auch Angst haben?! Tatsächlich ist aber oft das Gegenteil der Fall. Es reicht schon, wenn man als Lehrer sehr kontrolliert auftritt und nicht souverän mit eigenen Fehlern umgeht. Ein großer Teil der Kommunikation läuft nonverbal ab und der eigene Drang nach Perfektion spiegelt sich in der Klasse wider. Das heißt, als Erstes sollte man als Lehrer sich selbst und seine Fehlertoleranz überprüfen.

> Eigene Fehlertoleranz überprüfen

Gleich mal ausprobieren

Beantworten Sie sich folgende Fragen:
- Ist es für mich ein Problem, wenn ein Schüler einen Rechtschreibfehler findet, den ich selbst gemacht habe?
- Werde ich rot, wenn ich etwas vergesse habe, was für das Unterrichtsgeschehen sehr wichtig ist?
- Wann, wo und in welcher Situation habe ich mich so richtig für einen Fehler geniert, egal ob Sprach-, Verhaltens- oder Kommunikationsfehler?
- Wann in meinem Leben hat ein Fehler Positives ausgelöst?
- Was tue ich, damit meine Schüler munter, gelassen und stressfrei, also „Fehler-Angst"-entkoppelt drauflosreden?

Fehler gehören zum Sprachunterricht dazu. Sie willkommen zu heißen, ist ein grundlegender Aspekt, um Sprachbarrieren abzubauen (Tipp 45 – 52).

> Tipp 45 – 52

Betonen Sie immer wieder, dass der Sprachunterricht der Raum ist, in dem sich alle ausprobieren dürfen, ohne gleich etwas können zu müssen, und nehmen Sie sich die Zeit, ein soziales Klima aufzubauen, das genau dies zulässt.

> Angstfreie Atmosphäre herstellen

Um die Ecke gedacht

Denken Sie auch über das soziale Umfeld und das Klima in Ihrer Klasse nach:
- Wie kommunikationsfreundlich ist die Atmosphäre in der Klasse?

- Gibt es genaue Regeln im respektvollen Umgang miteinander?
- Wie leidenschaftlich bin ich selbst in Bezug auf die deutsche Sprache?
- Haben die Schüler viel Mitspracherecht?
- Haben Nichtredner überhaupt eine Chance, zu Wort zu kommen?

Begrüßen Sie kreative Fehler. Loben Sie, wenn jemand z. B. „geschreibt" oder „am vielsten" sagt! Schließlich hat der Betreffende die gelernten Regeln auf ein neues Wort übertragen, was großartig ist, sich für ihn aber trotzdem unangenehm anfühlt, wenn nur eine simple Korrektur erfolgt.

Um die Ecke gedacht

Auch Geschwindigkeit führt zu Stress und damit zu Sprechhemmung. Lassen Sie in Sprechsituationen bewusst Hektik außen vor und sorgen Sie für einen ruhigen Unterrichtsverlauf. Seien Sie sich bewusst, wie viel Druck die Formulierung „mal eben schnell antworten" ausübt. Zeitdruck ist einer der Hauptgründe, warum Schüler sich komplett verweigern.

8 WEGE ZUM MUTTERSPRACHLERNIVEAU ERKENNEN

Untersuchungen zu den schulischen Leistungen von Kindern mit Migrationshintergrund zeigen nach wie vor: Sie hinken im Vergleich zu deutschen Muttersprachlern hinterher[2].

Kontinuierliche Sprachförderung

Wesentlicher Grund dafür ist, dass die sprachliche Förderung oft nicht kontinuierlich erfolgt. In Deutschland haben

2 Vgl. dazu: Verteilung der Schulabschlüsse von deutschen und ausländischen Schulabsolventen/-abgängern von allgemeinbildenden Schulen in Deutschland im Abgangsjahr 2014 in Statistika 2016, oder PISA 2015

wir keine Kindergartenpflicht, weshalb es nach wie vor Kinder mit Migrationshintergrund gibt, die zwar hier geboren sind, zu Schulbeginn aber dennoch kaum ein Wort Deutsch sprechen.

Ein weiteres Problem liegt darin, dass es keinen einheitlichen Umgang mit DaZ-Schülern in Regel- und Minderheits- oder Übergangsklassen gibt. Von diesen Schülern wird erwartet, dass sie von Anfang an dem Unterrichtsgeschehen auf Deutsch folgen. Die Sprache ist dabei für sie eine Hürde beim Verstehen der Unterrichtsinhalte. Sie können noch so gut in Mathematik sein: Wenn sie eine Sachaufgabe sprachlich nicht verstehen, sind sie auch nicht in der Lage, sie inhaltlich zu lösen.

Je heterogener eine Klasse ist, desto größer ist die Gefahr, dass DaZ-Schüler darin einfach untergehen und Vermeidungsstrategien entwickeln, um ihre Defizite zu verschleiern. Diese Schüler sollten deshalb so lange verpflichtende Sprachlernangebote erhalten, bis sie die sprachlichen Grundstrukturen sicher beherrschen. Dies dauert in der Regel ungefähr sechs Jahre. Die Angebote sollten homogen im Niveau, aber heterogen in den Erstsprachen sein. Ein besonderer Wert sollte auf Wortbildung sowie auf Nominalisierungen und Passivkonstruktionen gelegt werden, weil diese typischerweise in Sachtexten vorkommen. Gibt es diese Angebote nicht, ist der Austausch mit Fachlehrern umso wichtiger, um sprachliche Defizite rechtzeitig von inhaltlichen differenzieren zu können (Tipp 9).

> Vermeidungsstrategien bei heterogenen Klassen

> Tipp 9

KOMMUNIKATION MIT FACHLEHRERN SUCHEN

9

Ist man als DaZ-Lehrer für die Probleme der Schüler sensibilisiert und stellt den Unterricht darauf ein, ist man noch lange nicht mit der Arbeit fertig. Ein ganz wichtiger Punkt ist die Absprache mit den Fachlehrern im Kollegium. Nicht alle Fachlehrer sind bereit, ihren Unterricht mit Spracharbeit zu verbinden, und es erfordert manchmal einigen Einsatz, sie von der Notwendigkeit dieser Maßnahme zu überzeugen.

500 Fachbegriffe
pro Schulbuch!

„Pro Schulbuch werden rund 500 Fachbegriffe benutzt; nur 28 % kommen in allen Büchern vor; 34 % werden jeweils nur in einem Buch verwendet. Im naturwissenschaftlichen Unterricht treten in einer Unterrichtsstunde etwa neun neue Fachbegriffe auf, d. h. alle vier bis fünf Minuten einer; naturwissenschaftliche Schulbücher der Sekundarstufe I enthalten etwa 1500 – 2500 verschiedene Fachbegriffe." (vgl. Engin 2012)

Wichtig ist also ist die Klärung der Frage, wie Arbeitsaufträge so formuliert werden können, dass auch Schüler mit geringfügigen sprachlichen Kompetenzen sie verstehen. Erste Schritte dazu könnten sein:

- das Fachvokabular zu reduzieren,
- neue Begriffe mit Artikel und Plural (leserlich) an die Tafel

❯ Tipp 2, 35, 87

  zu schreiben (Tipp 2, 35, 87),
- mehr Bilder einzusetzen,
- leichtere Texte zu wählen und
- langsamer zu sprechen.

Das sind genau die Punkte, die sich DaZ-Schüler meiner Erfahrung nach von ihren Fachlehrern wünschen. Ihre Aufgabe als DaZ-Lehrkraft ist es, die Fachlehrer dazu zu animieren und ihnen zu helfen, die Materialien entsprechend aufzuarbeiten.

Weitere wichtige Aspekte könnten z. B. in einer Fachkonferenz angesprochen werden:

Augenmerk auf
trennbare Verben legen

- **Arbeit mit trennbaren Verben:** Eine Vorsilbe verändert komplett die Bedeutung eines Verbs. Ob es „aufnehmen" oder „zunehmen" heißt, macht einen großen Unterschied, ist für DaZ-Schüler aber oft schwer zu differenzieren. In Fachtexten sollten daher zur inhaltlichen Vorentlastung Verben mit Vorsilben gesucht und erklärt werden. Noch komplizierter wird es, wenn die Verben durch die Satzklammer zweiteilig werden. Dass es sich um ein Verb handelt, kann in Texten durch Markierung der Verbteile deutlich gemacht werden. Der Fachlehrer sollte daher eine entsprechend markierte bzw. kommentierte Version eines Textes, den die Klasse erhält, für die DaZ-Schüler erstellen.

- **Schlüsselwörter markieren:** In einer mathematischen Sachaufgabe ist es meistens nicht möglich, Abschnitte zu überfliegen. Jedes Wort zählt. „Ich kaufe drei Äpfel. Jeder Apfel kostet 40 Cent ..." „Jeder" ist hier ein Schlüsselwort, das verstanden werden muss, um die Aufgabe zu lösen. Auch Schlüsselwörter könnten markiert werden, indem man sie z. B. in Großbuchstaben schreibt und gegebenenfalls eine entsprechende Erklärung beifügt.

Schlüsselwörter in Sachtexten markieren

- **Fachsprache trainieren:** Es gibt in vielen Fächern eine Vielzahl von Begriffen, die in der Alltagswelt der Schüler nicht vorkommen. In Mathematik sind es allein in der Grundschulzeit etwa 500 Wörter! Es darf in der Sekundarstufe I nicht davon ausgegangen werden, dass diese bekannt sind. Der Fachlehrer sollte dafür sorgen, dass sie als Vokabeln trainiert werden. Das kann auch deutschen Schülern als Wiederholung dienen.

Fachbegriffe als Vokabeln trainieren

- **Rückbezüge deutlich machen:** Wenn wir sprechen, wiederholen wir oft Dinge, die in Arbeitsanweisungen fehlen. Diese Rückbezüge können zum besseren Verständnis durch Pfeile gekennzeichnet werden.

Mit Pfeilen arbeiten, um Rückbezüge deutlich zu machen

Das Auto, das mit einer Geschwindigkeit von 120 km/h über die Autobahn fuhr und dessen Benzinverbrauch bei 8 Liter auf 100 Kilometer lag ...

- **Aufzählungen lesen üben:** Gerade in Sachaufgaben führen lange Aufzählungen wichtiger Informationen oft zu Problemen. Beispiel: *Bei den Bundesjugendspielen waren 4 Mädchen und 3 Jungen aus der 1. Klasse, ~~7 Mädchen und 9 Jungen aus der zweiten Klasse und 8 Mädchen und 6 Jungen aus der dritten Klasse~~ dabei. Wie viele Schüler waren es a) von jeder Klasse und b) insgesamt?* Dabei hilft es dem Schüler, sich einen kleinen Stift oder Zettel zu nehmen und jeweils die Teile abzudecken, die von dem zunächst wichtigen Teil ablenken.

Passivkonstruktionen kennzeichnen

■ **Passiv versus Zukunft:** Passiv ist auch bei deutschen Muttersprachlern eine Konstruktion, die sich erst sehr spät ausbildet. Deshalb ist es sinnvoll, das Werden-Passiv in Texten zu kennzeichnen. Dann wird inhaltlich für die Schüler aus dem Satz: *Wird eine Zahl mit 2 multipliziert, erhält man ...* nicht *Er wird eine Zahl mit 2 multiplizieren.*

Um die Ecke gedacht

Machen Sie die Fachlehrer auf die Schwierigkeit der Komposita aufmerksam und übernehmen Sie in Ihrem eigenen Unterricht deren Übung. Eine gezielte Wortschatzerweiterung mit viel Fantasie hilft den Schülern, sich diesem deutschen Phänomen in Fachtexten zu nähern und ein Gefühl dafür zu bekommen. Da helfen Spiele, bei denen sie die längsten Komposita herstellen oder immer schnell aus dem letzten Teil des Wortes ein neues kreieren müssen. Zum Beispiel: Küchenschrank – Schranktür – Türrahmen – ...

Für den Bereich Mathematik gibt es mittlerweile viele hilfreiche Publikationen. Empfehlenswert ist z. B. der Titel von Ingrid Weis „Wie viel Sprache hat Mathematik in der Grundschule?", siehe Literaturliste.

LÄNDERPRÄSENTATIONEN EINPLANEN

10

Als DaZ-Lehrer sind Sie nicht nur Sprach-, sondern auch Kulturvermittler. Im günstigsten Fall ermöglichen Sie Ihren Schülern neue Sichtweisen, auch auf Altbekanntes. Das passiert natürlich auch im Austausch der Schüler untereinander.

Es lassen sich zahlreiche große und kleine Projekte aus den Herkunftsländern der Schüler entwickeln und mit dem Fach Deutsch verbinden. Dieser interkulturelle Unterricht wirkt

motivierend und ermöglicht ein praxisorientiertes Lernen
(Tipp 41, 67, 76).

❯ Tipp 41, 67, 76

Gleich mal ausprobieren

Es seien verschiedene Möglichkeiten genannt:

Referate
Folgende Themen sind denkbar in der Sekundarstufe I:
1. Stelle eine Band/einen Musiker aus deinem Land vor.
2. Was für Tiere leben bei euch?
3. Welche Feiertage habt ihr? Nennt ein Fest und beschreibt es.
4. Hast du ein Vorbild aus deinem Land? Welche berühmten Personen gibt es? Stelle eine Person vor.
5. Wer ist in deinem Land dein bester Freund/deine beste Freundin? Was ist das Besondere an ihm/ihr?
6. In Deutschland sagt man z. B. „Der Storch bringt die Kinder" oder „Der Weihnachtsmann bringt die Geschenke". Was für Sprüche dieser Art gibt es in deinem Land?

Umfragen (Die Schüler befragen sich gegenseitig.)
1. Wie bist du zu deinem Namen gekommen? Was bedeutet er?
2. Welche Farbe hat in deinem Land die Polizei/die Feuerwehr etc.?
3. Was wissen die Menschen hier über dein Land?
4. Welche Haustiere gibt es bei euch?
5. Wo schläfst du in deiner Heimat? Wie viele Personen schlafen in einem Raum?

Recherchen
1. Wie klingt deine Sprache? (Mit dem Handy können die Sprachen aus der Klasse/der Schule aufgenommen und anschließend im Unterricht besprochen werden.)
2. Kinderarbeit: Was dürfen Kinder in deiner Heimat arbeiten – ab welchem Alter?
3. Welche Rolle spielen Musik und Tanz in deiner Heimat?

4. Wie viel Urlaub hat man in deiner Heimat, in Deutschland? Vergleiche. Was denkst du darüber?
5. Gibt es in deiner Heimat ein Wasserproblem? Recherchiere und berichte.

Die Ergebnisse könnten z. B. in einer interkulturellen Schülerzeitung münden.

11 SCHWIERIGE THEMEN VERMEIDEN

Vorsicht vor vermeintlich einfachen Fragen zur Person

Als sensibler DaZ-Lehrer will man nicht nur seinen Schülern Deutsch beibringen, sondern auch für sie da sein, helfen, Verantwortung übernehmen. Die Fragen, die man interessiert stellt, um eine Beziehung aufzubauen, könnten aber genau die verkehrten sein. So kann schon die Frage „Hast du Geschwister?" bei einem Schüler, der aus einem Kriegsgebiet geflüchtet ist und dort seine Familie hat sterben sehen, gegebenenfalls zu einem regelrechten Zusammenbruch führen.

Als DaZ-Lehrer sind Sie nicht ausreichend psychologisch geschult, um wirklich zu wissen, welche Fragen noch okay sind. Dennoch gibt es auch für Sie Möglichkeiten, um unglückliche Situationen zu vermeiden.

Achtung!

> **Tipp 37**

Das Thema Familie ist besonders heikel und sollte immer mit einem neutralen Foto begonnen werden. Alle Schüler werden dazu eingeladen, Fotos mitzubringen, wenn sie es denn möchten (Tipp 37). Diejenigen, die keine Traumata haben, erzählen gerne und viel von ihren Verwandten. Alle anderen können sich an dem fremden Bild entlanghangeln.

Einerseits ist also eine sensible Zurückhaltung gefragt. Auf der anderen Seite gilt es zu bedenken, dass der Lehrer für manche Schüler eine wichtige oder sogar die einzige Vertrauensperson darstellt. Wenn Sie also zu allgemein bleiben, können Sie nicht richtig einschätzen, wer Ihnen gegenübersitzt und vielleicht auch dringend Hilfe benötigt. Psychologische Fortbildungen sind eine Möglichkeit, zumindest ansatzweise eine Idee davon zu bekommen, wie Sie sich richtig verhalten, denn mit normaler Anteilnahme kommen Sie da oft nicht weiter.

Ein anderes schwieriges Thema ist die Sexualität. Als Lehrer sind Sie in der Pflicht, einen aufgeklärten Umgang mit Sexualität zu vermitteln. Dazu gehört mitunter, die Kinder und Jugendlichen für andere Partnerschaftsformen als die klassische Ehe zwischen Mann und Frau zu sensibilisieren. Allerdings ist dies ein extrem aufgeladenes Thema, weil es in manchen Herkunftskulturen problematisch besetzt ist. Wie also damit umgehen? Hier ist Ihr Bauchgefühl gefragt. Wägen Sie bewusst ab, ob Sie ein Bild, das beispielsweise ein homosexuelles Paar zeigt und das in Ihrem Lehrwerk abgedruckt ist, aktiv besprechen oder eben nicht.

Sensibel mit dem Thema Sexualität umgehen

SOS-Tipp

Mögliche Fragestellungen zur Sexualität können Sie auch in Gruppen besprechen lassen, in denen Jungen und Mädchen getrennt voneinander diskutieren.

UMFASSEND BINNENDIFFERENZIEREN

12

Alles spricht von Heterogenität und Binnendifferenzierung, gemeint ist dabei aber meistens nur eine Differenzierung nach Niveau und nach Zeit. So wird beispielsweise ein Diktat in verschiedenen Schwierigkeitsstufen angeboten: Starke Schüler schreiben den kompletten Text, mittelstarke setzen Lücken ein, schwache bekommen Multiple-Choice-Aufgaben zum Diktat. Oder alle bekommen für ein und diesebe Aufgabe unterschiedlich viel Zeit zur Bearbeitung. Diese Form der Binnendifferenzierung finden Sie in vielen Lehrwerken.

Aber gerade im DaZ-Unterricht reicht das nicht aus. Die Schülergruppen sind so heterogen, dass Sie, wenn Sie nur nach diesen Kriterien differenzieren, nicht nur einen oder zwei Schüler „verlieren", sondern gut und gerne mal die Hälfte der Klasse. Dadurch wird der Unterricht extrem mühsam, Sie bekommen Disziplinprobleme, reden gegen Windmühlen, müssen den Unterrichtsstoff mehrfach wiederholen etc. Auch können sich Schüler ungerecht behandelt fühlen, wenn sie permanent andere Aufgaben erhalten als ihre Mitschüler. Das nimmt ihnen ein Stück ihrer Motivation.

Neuausrichtung des Unterrichts braucht Zeit und Geduld

Binnendifferenzierung kann viel mehr sein. Dazu müssen Sie sich aber als Erstes vor jedem Unterrichtstag ein paar Fragen stellen: Was ist das Thema? Wie ist der Lernstand meiner Gruppe? Welche Teile können sie alle bewältigen, welche nur einige? Was muss aus anderen Lektionen wiederholt werden?

Dann überlegen Sie sich, welche Übungen im Lehrbuch wirklich effektiv sind, welche weniger. Woran lohnt es sich, länger zu arbeiten? Was möchten Sie hinzufügen?

Des Weiteren brauchen Sie einen Plan, wie Sie Ihren Unterrichtstag gestalten wollen – in welchen Phasen? Sie haben viel mehr Möglichkeiten als nur die Sozialformen abzuwechseln (Tipp 13 – 28).

❯ Tipp 13 – 28

Diese Neuausrichtung des gesamten Unterrichts kann im ersten Durchlauf furchtbar viel Arbeit machen, wird sich aber auf Dauer sehr lohnen – für alle Seiten – und Ihnen sehr bald keinerlei Mühe mehr bereiten, weil Sie alles Passende schon in der Schublade haben.

KOMPETENZEN UND INTERESSEN ABFRAGEN

13

Wenn Sie einen neuen Schüler bekommen, wissen Sie oft nicht viel über ihn. Ist eine Sprachstandsfeststellung gemacht worden, wurde meist nur der Wissensstand im Deutschen abgefragt. Die Kompetenzen in anderen Sprachen hingegen sind selten erwähnt. Zudem gibt es zwar viele Tests im Übergang von der Grundschule zur weiterführenden Schule (z. B. „Tulpenbeet", vgl. Klinger/Schwippert/Leiblein 2008), aber nur wenige aussagekräftige innerhalb der Sekundarstufe I. Meistens zielen diese Tests lediglich darauf ab zu klären, ob es einen zusätzlichen Förderbedarf gibt.

Gleich mal ausprobieren

Wollen Sie den einzelnen Schüler integrieren, benötigen Sie einen individuellen Plan (Tipp 15). Dafür ist es wichtig, zusätzlich zur Sprachstandsfeststellung im Deutschen ein Anfangsprotokoll anzulegen. Erstellen Sie dazu einen Fragebogen, in dem Sie auch andere Sprachkenntnisse sowie Interessen des Schülers abfragen und den Sie sich mithilfe eines deutschsprechenden Verwandten des Schülers oder seines zuständigen Betreuers ausfüllen lassen. Passende Fragen könnten sein:

❯ Tipp 15

- Welche Sprache wird zu Hause gesprochen? Wie sprechen die Eltern mit ihren Kindern, wie antworten die Kinder? Wie sprechen die Kinder untereinander?
- Spricht der Schüler seine Herkunftssprache korrekt? Kann er in ihr auch lesen und schreiben?
- Wann, wie und wo hat der Schüler begonnen, Deutsch zu lernen?
- Welche Sprache kann der Schüler besser: Deutsch oder die Sprache seiner Eltern?
- Wofür interessiert sich der Schüler in seiner Freizeit?

Haben Sie Antworten auf solche Fragen, können Sie besser einschätzen, welches Vorwissen vorhanden ist. Jemand, der sich in seiner Herkunftssprache gut und flüssig artikulieren und sie auch lesen und schreiben kann, ist leichter in einen binnendifferenzierten Prozess einzubinden als jemand, für den Sprache unbewusst abläuft. Lernstrategien sind dann schon angelegt. Wenn Sie die Interessensgebiete des Schülers kennen, wird es für Sie leichter sein, ihn in seiner Lernmotivation zu stärken.

14

Individuelle Hefte anlegen –
Portfoliocharakter

> Tipp 13

> Tipp 50

Das Anfangsprotokoll (Tipp 13) können Sie fortführen und ein Heft für jeden Schüler anlegen. Zu viel Aufwand? Integrieren Sie die Schüler dabei. Alles, was Sie ab sofort diesbezüglich tun, machen Sie in Kooperation mit der Klasse. In dem Heft kann alles gesammelt werden, was für den Sprachprozess des Einzelnen relevant ist: geschriebene Texte, Tests, Fotos von Lernaktivitäten, Fehlerlisten (Tipp 50) etc.

In der Unterrichtsvorbereitung kann Ihnen dieses Heft helfen, passende Lerngruppen zusammenzustellen, Motivationsschübe zu leisten („Schau mal, vor zwei Monaten hast du noch so geschrieben, heute bist du schon viel weiter") und den individuellen Leistungsstand zu verfolgen.

Gleich mal ausprobieren

Erteilen Sie jedem neuen Schüler die Aufgabe, sich selbst einen Brief auf Deutsch zu schreiben. Darin sollte er sich selbst anreden und seine Wünsche im Deutschen formulieren, schreiben, wie er sich im Moment mit der Sprache fühlt, was seine nächsten Ziele sind und welchen Traum er hat, wenn er mal perfekt Deutsch kann. Diesen Brief bewahren Sie in einem verschlossenen Umschlag auf. Zu einem späteren Zeitpunkt können Sie dem Schüler diesen Brief zurückgeben; das kann sich z. B. anbieten, wenn er gerade Probleme mit der Motivation hat oder Rückschläge bei den Tests einstecken musste. Das bewirkt oft Wunder. Die Schüler erinnern sich an ihre ersten Träume, sehen ihr noch schlecht entwickeltes Deutsch und merken, dass sie doch schon große Fortschritte gemacht haben. Aber bitte nicht zu früh anwenden, sonst verpufft die Wirkung!

15

Auch wenn Sie eine große Klasse haben, nehmen Sie sich Zeit für Einzelgespräche – besonders wenn ein Schüler neu in die Klasse kommt. Mit jedem einmal zu sprechen, kann durchaus mehrere Wochen in Anspruch nehmen. Planen Sie eine feste Zeit des Unterrichts pro Tag oder pro Woche dafür ein und geben Sie den restlichen Schülern Gruppenaufgaben oder lassen Sie Sprachspiele durchführen, mit denen sie sich eigenständig beschäftigen können, sodass Sie in dieser Phase nicht gebunden sind.

Rufen Sie einen Schüler nach dem anderen auf und sprechen Sie mit jedem individuell. Erarbeiten Sie eine Zielsetzung. Versuchen Sie, die Lernstrategien des Einzelnen, wenn sie schon vorhanden sind, herauszubekommen. Was tut ihm gut beim Lernen, wo macht er seine Hausaufgaben, hat er einen eigenen Schreibtisch etc.? Fragen Sie den Schüler, was er in den nächsten Wochen, Monaten und im kompletten Schuljahr konkret verbessern möchte, schreiben Sie diese Dinge auf und unterschreiben Sie es beide wie in einem Vertrag.

Individuelle Zielsetzungen vereinbaren

Gerade im Gespräch mit ruhigen und eher unscheinbaren Jugendlichen stellt sich manchmal heraus, dass sie erstaunliche Ideen haben, wie es in ihrem Leben weitergehen soll, dass sie präzise Vorstellungen davon haben, was ihnen wichtig ist, dass sie zu Hause verantwortungsvolle Aufgaben übernehmen oder interessanten Aktivitäten nachgehen, dass sie überraschend viele verschiedene Sprachen mit ihren Verwandten sprechen usw.

Nicht gut Deutsch sprechen zu können, kann hemmen; wenn es in der Klasse Schüler gibt, die sich gerne produzieren und immer sofort reagieren können, ziehen sich andere in ihr Schneckenhaus zurück. Das persönliche Lehrer-Schüler-Gespräch kann sehr bedeutend sein, weil sich die Schüler gesehen fühlen. Das wiederum wirkt sich entscheidend auf ihre Motivation aus (Tipp 22).

❯ Tipp 22

16

Erst wenn Sie die Stärken und Schwächen jedes einzelnen Schülers kennen, können Sie beginnen, wirklich binnendifferenzierend tätig zu werden. Dazu müssen Sie so oft wie möglich „frei" sein. Im Frontalunterricht sind Sie das nie: In den längeren Phasen der Stoffpräsentation sind Sie gebunden und Individualunterricht ist unmöglich (Tipp 17).

> Tipp 17

Um die Ecke gedacht

Es spricht nichts generell dagegen, frontal zu unterrichten. Für viele Phasen eignet sich diese Unterrichtsform perfekt – Hauptsache, der Lehrer hat Persönlichkeit und ist gut strukturiert (vgl. Kunze 2009).

Den für eine Binnendifferenzierung relevanten Freiraum können Sie sich schaffen, indem Sie Gruppen- und Partnerarbeiten anbieten, Lernstationen und Werkstätten durchführen oder kleine Ruhezeiten, etwa zum Lesen eines Textes, einplanen. Das Entscheidende ist, dass Sie diese Phasen nicht ungenutzt lassen. Wenn alle einen Text lesen, können Sie einen Schüler herausnehmen, der dann stattdessen eine kleine Phase Einzelunterricht erfährt und somit einen individuellen Anschub bekommt (Tipp 13). Dann hat er zwar den Text verpasst, aber etwas viel Wichtigeres bekommen: Aufmerksamkeit. Und das lieben die Schüler in aller Regel.

Stillarbeitsphasen für Individualunterricht nutzen

> Tipp 13

Um die Ecke gedacht

Anfangs waren meine Schüler skeptisch und dachten, sie hätten etwas ausgefressen, wenn sie zum Lehrertisch kommen sollten. Als ihnen aber klar wurde, dass es hier nicht um Bestrafungen oder Leistungsüberprüfungen geht, sondern um ein ganz normales Gespräch, haben sie sich geöffnet. Interessanterweise vergaßen sie danach auch seltener ihre Hausaufgaben – mein Eindruck war, dass es ihnen unangenehm war, in einem Vieraugengespräch darauf angesprochen werden zu können.

Wie kommt der Schüler, der im Einzelgespräch war, dann nun zu seinem Textwissen? Die anderen berichten ihm davon. Das Nacherzählen ist dadurch gleich authentischer und nicht so aufgesetzt: Der Zuhörer weiß ja wirklich nicht, worum es in dem Text geht, und da macht es Sinn, es ihm zu erzählen (Tipp 23).

❭ Tipp 23

IN PHASEN ARBEITEN

17

Unterricht wird immer wieder neu definiert. Mal ist es in Mode, auf handlungsorientierte Kommunikation zu achten, mal ist alles auf Individualunterricht ausgerichtet, dann wird wieder festgestellt: Nein, besser ist es doch, einen direkten Input für alle anzubieten. Dann sollte man eher lerntypengerecht unterrichten und im nächsten Schritt wieder irgendwie anders ...

Wenn man nicht jedem neuen Hype folgt, fühlt man sich in mancher Runde dem Vorwurf ausgesetzt, unmodern zu unterrichten. Machen Sie sich frei von derlei Vorwürfen und hören Sie auf Ihr eigenes Bauchgefühl.

Nicht jedem Hype folgen

Die Personen, die zu der einen oder zu der anderen Unterrichtsweise raten, tun dies ja auf der Grundlage bestimmer Erfahrungen. Warum dann nicht vom einen wie vom anderen profitieren und verschiedene Erkenntnisse gleichermaßen integrieren? Dazu gehören durchaus auch die verpönten alten Methoden wie Auswendiglernen und Chorsprechen. Wenn sie doch helfen (Tipp 84)!

❭ Tipp 84

Bewährt hat sich ein in Phasen strukturierter Unterricht. Da gibt es entdeckende Phasen, die die Neugier wecken und Impulse geben, daneben Grammatikphasen, die manchmal auch komplett frontal unterrichtet werden. In anderen Phasen sollen die Schüler spielen, mit allen Sinnen erkunden, sich ausprobieren, autonom lernen. Dann gibt es wieder mal eine Projektarbeit usw. Zwischendrin sollten immer feste Individualphasen vorgesehen werden, in denen Sie Zeit für Einzelne oder Kleingruppen haben (Tipp 16).

❭ Tipp 16

Eine schriftlich festgehaltene Stundenplanung hilft Ihnen,

zu jedem Zeitpunkt den Überblick zu behalten. Die Phasenfolge lassen Sie am besten bestehen. Fangen Sie also immer gleich an und hören Sie immer gleich auf – zumindest was die methodischen Ansätze angeht. So können sich die Schüler besser auf den Unterricht einstellen. Dieser bekommt dadurch seinen eigenen Rhythmus.

Um die Ecke gedacht

Bei dieser Form der Arbeit in Phasen handelt es sich um keinen speziellen wissenschaftlichen Ansatz, sondern lediglich um eine Vorgehensweise, die sich in der Praxis bewährt hat. Probieren Sie es aus und Sie werden sehen: Die Phasenstruktur macht es leichter, mal etwas Neues auszuprobieren, denn Sie müssen nicht gleich alles im Unterricht verändern, sondern eben nur eine Phase.

FESTE AUFGABENFORMEN ETABLIEREN: VERBMETHODE

18

Schüler müssen genau wissen, was sie zu tun haben

❯ Tipp 19, 20

Binnendifferenzierung kann nur erreicht werden, wenn die Schüler zu hundert Prozent wissen, was sie tun müssen. Sobald es in einer Aufgabenstellung auch nur eine Unbekannte gibt, sind Sie als Lehrer wieder gebunden, müssen Fragen beantworten, Erklärungen abgeben. Daher hat es sich bewährt, für Individualphasen Aufgabenformen oder Arbeitsblätter zu etablieren (Tipp 19, 20), die immer den gleichen Aufbau haben, aber gleichzeitig mit dem Unterrichtsgeschehen „mitwachsen" können. Sie sollten so abarbeitbar sein, dass kaum Fehlerquellen auftreten, aber trotzdem ein hohes Maß an Kommunikation enthalten ist.

Wie sieht nun die Verbmethode aus? Sie präsentieren vier frequente Verben in Form von Bildern. Dann läuft es nach dem immer gleichen Muster ab:

Arbeitsblatt „Verb"

Arbeitet zu dritt oder zu viert. Jeder zieht ein Verb.
(Jede Gruppe erhält einmal alle Verben als Kärtchen.)

a. Wer?

Beispiel: Wer singt? Marco singt.

b. ... du gerne?

Beispiel: Singst du gerne?   *Ja, ich singe gerne.*

Nein, ich singe nicht gerne.

c. Pantomime. Die anderen raten.

Beispiel: Du läufst. Nein. Du schwimmst. Ja, ich schwimme.

d. Lege die Kärtchen auf den Tisch und würfle.

⚀ ⚁ ⚂ ⚃ ⚄ ⚅

ich du er sie es Sie

Beispiel:  + ⚀ = **ich fotografiere**

e. Schreibe die Kärtchen zu den Verben. Mische die Bild- und Schriftkarten und lege sie verdeckt auf dem Tisch aus. Ordne die Schrift- und die Bildkarten einander zu.

   schwimmen

Beispiel: Arbeitsblatt „Verb"

Danach gibt es z. B. ein Würfelspiel. Die vier Verben werden in Form von Bildkarten in die Mitte gelegt und die gewürfelte Zahl gibt die Konjugation an: 1 für ich, 2 für du usw. Die jeweilige Konjugationsform wird genannt.

Sind nach ein paar Wochen mehr als zehn Verben geübt worden, können sich Wort-Bild-Zuordnungsspiele, Pantomime in Gruppen oder andere offene Übungsspiele anschließen. Wichtig ist, dass sich dieses über einen längeren Zeitraum nicht verändert, sodass die Schüler das komplette Blatt in Eigenregie mit allen Teilen durchführen können.

SOS-Tipp

Um die Motivation in dieser Phase hochzuhalten und die Schüler nicht abdriften zu lassen, kann in der Gruppe ein Wettbewerb ausgerufen werden. Wer schafft z. B. die meisten richtigen Antworten? (Diese können als Lösungszettel beigefügt werden und eine Person wird als Co-Lehrer bestimmt.) Sie können auch die Schüler selbst eine Wettbewerbsform wählen lassen.

FESTE AUFGABENFORMEN ETABLIEREN: PORTRÄT

19

Die Schüler schneiden aus Zeitschriften ein Foto einer Person aus und dazu beliebige weitere Bilder, etwa von Gegenständen, Gebäuden oder Tieren, die sie mit dieser verbinden. Alles wird auf ein DIN-A4-Blatt geklebt. So könnte z. B. das Foto eines Mannes aus einer Werbung mit dem Bild einer Kaffeetasse, dem eines Museums und dem eines Hundes zusammengebracht werden. Die Bilderauswahl lässt sich je nach Niveau auch mit speziellen Aufträgen steuern: „Suche nur Orte", „Suche nur Essen und Trinken" etc.

Dann sollen als Erstes W-Fragen formuliert werden. *Was macht der Mann gerne? Wo wohnt er? Wen liebt er?* etc. Aus den so entstandenen Informationen wird anschließend ein Porträt geschrieben. Je nachdem, auf welchem Niveau der einzelne Schüler sich befindet, kann er sehr unterschiedliche

Sätze formulieren. *Der Mann liebt Kaffee. / Der Mann mag Kaffee. Er wohnt in der Nähe eines Museums. / Er wohnt beim Museum. Er geht gerne mit seinem Hund spazieren. / Er macht viel mit seinem Hund.*
Gehen Sie in der Zwischenzeit herum und kontrollieren Sie die Texte. Danach kann in Partnerarbeit noch einmal über die Person gesprochen werden: Einer fragt, der andere antwortet.
Hängen Sie die Ergebnisse am besten im Raum auf. Neue Dinge, die dazupassen, können später hinzugefügt werden. So lässt sich mit dem Porträt immer wieder neu arbeiten.

❯ An Porträts immer wieder neu arbeiten

SOS-Tipp

> Wenn Sie Bilder von Stars zur Auswahl anbieten, erhöht das in der Regel die Motivation der Schüler bei der Erarbeitung!

Feste Aufgabenformen etablieren: Partnerdiktat

20

Die geschriebenen und kontrollierten Porträts (Tipp 19) oder andere kleinere Texte, die bereits behandelt wurden, werden so aufgeteilt, dass immer zwei Personen zwei unterschiedliche Texte vorliegen haben. Der eine diktiert dann dem anderen seinen Text. Danach werden beide Diktate mit dem jeweiligen Original verglichen und korrigiert (Tipp 61). Dieses Vorgehen kann aus verschiedenen Gründen hilfreich sein. Das laute, betonte Lesen, bei dem auf Satzzeichen geachtet wird, ist für viele Schüler schwierig. Dies im Plenum zu üben, kann ermüdend sein und dazu führen, dass der Vorlesende unter Druck gerät. Im Partnerdiktat ist das viel leichter und effektiver. Hier wird sofort deutlich, ob man die Pausen richtig setzt sowie die Wörter und Sätze korrekt betont und ausspricht. Wenn man es nämlich falsch macht, versteht der Partner die Sätze nicht und muss nachfragen. Man ist also gezwungen, es langsam und deutlich zu wiederholen.

❯ Tipp 19

❯ Tipp 61

Derjenige, der schreibt, übt bei dieser Aufgabe, sich auf unterschiedliche Stimmen einzustellen, Gehörtes in Wortgrenzen wiederzugeben und – natürlich – die Rechtschreibung. All das kann ohne die Hilfe des Lehrers erfolgen und ist dabei relativ fehlerarm, denn das Originalblatt kann zum Abgleich herangezogen werden.

MIT MONATSPLÄNEN ARBEITEN

21

Aus der Grundschule ist die Arbeit mit Wochenplänen bekannt, ab der Sekundarstufe I wird sie in der Regel wieder vernachlässigt. Viele DaZ-Kollegen lehnen Wochenpläne ab mit der Begründung, dass sie zu wenig Stunden pro Woche zur Verfügung haben. Gerade für den DaZ-Unterricht bietet die Arbeit mit solchen Plänen jedoch Vorteile: Als Lehrer haben Sie mehr Zeit, auf die wegen des Sprachniveaus verschiedenen Probleme Ihrer Schüler individuell einzugehen. Zudem werden das autonome Lernen und soziale Kompetenzen gefördert.

Arbeitspläne für wenige verfügbare Wochenstunden

Eine Variante, auch bei nur wenigen verfügbaren Wochenstunden mit einem solchen Konzept zu arbeiten, ist, das Zeitsystem zu verändern. Es muss ja kein *Wochenplan* bleiben, sondern könnte auch ein *Monatsplan* werden. Wichtig ist, dass es an jedem Unterrichtstag eine kurze Monatsplanphase gibt und dass der Plan nur Wiederholungsaufgaben enthält. Geeignet ist ein Zeitraum von einer Viertel- bis halben Stunde (Tipp 17).

❯ Tipp 17

Die Kopien, die Sie für den Monatsplan erstellen, sind für alle gleich, unterteilen sich aber in Pflicht- und Extraaufgaben. Bei Letzteren können Sie auf verschiedene Schwerpunkte eingehen. Im Laufe des Monats animieren Sie die einzelnen Schüler dann dazu, genau die Aufgaben mit den für Sie relevanten Schwerpunkten abzuarbeiten. Anstatt verschiedene Arbeitsblätter zu erstellen, variieren Sie einfach durch die Zuordnung der Extraaufgaben.

Pflicht- und Extraaufgaben

Um dabei nicht selbst zum Buchautor zu werden, lassen Sie

einfach aus dem Lehrbuch in „normalen" Unterrichtsphasen bestimmte Übungen, die Sie für geeignet erachten, weg und tragen diese dann in den Monatsplan ein. Wichtig ist, dass jedes Arbeitsblatt irgendein Produkt hervorbringt, damit die Arbeit der Schüler überprüfbar ist. Besonders motivierend sind interkulturelle Themen (Tipp 10).

❯ Tipp 10

Monatsplan

P – Pflicht
E – extra

SK – Selbstkontrolle
PK – Partnerkontrolle
LK – Lehrerkontrolle

Pflicht oder Extra	Aufgabe	Fertigkeiten	Name	Kontrolle	✓
P	S. 86			LK	
P	S. 128/129			LK	
P	S. 168			LK	
P	S. 166			LK	
E	S. 162			LK	
Was ich sonst noch gemacht habe					

Beispiel: Monatsplan

Zur Einführung werden die Kopien am Anfang des Monats ausgeteilt und besprochen. Die Lösungen für die jeweiligen Aufgaben sollten bei Ihnen liegen und von den Schülern einzusehen sein, wenn diese nachweisen können, dass sie die Übung erledigt haben. Haben Sie das Prinzip der Lernpaten eingeführt (Tipp 5), dann können sich die Schüler in diesen Phasen bei Fragen zunächst an die Paten wenden. Fordern Sie die Schüler auf, in allen Unterrichtsphasen an ihrem Monatsplan zu arbeiten, wann immer sie mit einer Aufgabe fertig sind.

Arbeit mit Lernpaten
❯ Tipp 5

Da die Schüler selbstständig arbeiten (bei geringer Disziplin siehe Tipp 32), sind Sie während der Monatsplanphase „frei" und können die Zeit nutzen, um individuelle Hilfestellungen zu geben. Das kann, muss aber nicht die Themen im Plan betreffen. Zwischendurch sollten Sie immer wieder einen Blick auf die einzelnen Arbeitsblätter werfen und bereits so viel wie möglich kontrollieren, damit sich diese Arbeit nicht bis zum Ende des Monats aufstaut. Zum Abschluss des Monatsplans sollte ein Fazit gezogen werden.

❯ Tipp 32

DIE MOTIVATION DER SCHÜLER FÖRDERN

22

Was es im Unterricht für die Schüler oft schwer macht, motiviert zu arbeiten, ist, dass sie in einer von der Wirklichkeit abgekoppelten Blase so vor sich hin lernen. Dialogtraining, Rollenspiele und Nacherzählungen gehören dazu, um die Kommunikation zu fördern. Aber das Gehirn merkt, ob wir eine Situation nur simulieren oder ob sie echt ist. Dementsprechend hoch oder niedrig ist die Lernmotivation.

Um die Ecke gedacht

Ein Beispiel aus der Praxis: Ich hatte meinen Schülern angekündigt, dass wir in der nächsten Stunde einen Flohmarkt machen würden und dass alle Dinge mitbringen sollten, die sie gerne verkaufen wollten. Viele der Schüler sprachen zu diesem Zeitpunkt noch nicht so gut Deutsch

und verstanden nicht, dass es sich um einen „realen" Flohmarkt handeln sollte. Am nächsten Tag begannen wir also
zu feilschen. Ein Mädchen legte ihr Handy auf den Tisch.
Auf meine Frage „Wie viel kostet es?" nannte sie fünf Euro
als Preis. Daraufhin fragte ich nach, ob sie wirklich für fünf
Euro ihr Handy verkaufen wolle, aber sie blieb dabei. Daraufhin gab ich ihr das Geld und nahm mir ihr Handy. Wie
zu erwarten war, kam sofort Protest. In diesem Moment
hatte sie verstanden, dass es kein Rollenspiel war. Bis zu
diesem Zeitpunkt waren etwa dreißig Prozent der Klasse
aktiv gewesen. Danach hatte sich die Situation komplett
verändert und wir mussten den Flohmarkt auf den nächsten Tag verschieben, um entsprechende Gegenstände
zum echten Verkauf zu haben. Alle plapperten, handelten
Preise aus, fragten nach den passenden Redemitteln zum
Feilschen – und es war eine wunderbare Deutschstunde.

Greifen Sie so oft wie möglich auf echte Kommunikation zurück. Nutzen Sie dafür jede Gelegenheit, ein Thema mit einer
konkreten Situation zu verbinden.

Situationen für echte Kommunikation schaffen

BINNENDIFFERENZIERENDE METHODEN KENNEN: KEINER ALLES

23

Neugier ist ein wunderbarer Motor für die Kommunikation.
Wenn es etwas gibt, was uns interessiert, fragen wir automatisch danach. Diese natürliche Neugier können Sie sich auch
im Unterricht zunutze machen. Die im Folgenden beschrie-
bene Vorgehensweise zeigt Ihnen eine Möglichkeit, wie Sie
gezielt Neugier wecken und so die Schüler bei der Stange
halten können.
Teilen Sie die Klasse in Gruppen auf. Jede Gruppe erhält verschiedene kleinere Texte zu einem bestimmten Thema. Die
einzelnen Schüler bekommen jeweils einen davon und lesen
ihn sich durch. Danach erzählt jeder einem anderen aus der
Gruppe von seinem Text und hört sich dessen Nacherzäh-

lung an. Es können Fragen gestellt werden, bis die Texte klar verstanden worden sind. Dann werden die Textblätter eingesammelt. Nun sucht sich jeder eine andere Person aus der Gruppe und erzählt ihr von dem Text, den sie gerade gehört (nicht gelesen!) hat. Es können wieder Fragen gestellt werden. So geht es reihum, bis alle zu allen Texten etwas gehört haben. Dann kommen die Gruppen wieder zusammen und berichten im Plenum von ihren Ergebnissen. Das kann sehr lustig sein, weil die Ergebnisse ähnlich wie bei „Stille Post" stark vom Original abweichen können. Zum Schluss werden die Originaltexte gelesen, auf die alle nun sehr gespannt sind.

Nicht alles von Anfang an präsentieren

Dies ist ein entscheidender Punkt: Erst die Neugier wecken, nicht alles gleich präsentieren!

In dieser Phase sind Sie völlig frei. Sie haben zwei Möglichkeiten, binnendifferenziert tätig zu werden: Sie gehen von

❯ Tipp 48

Paar zu Paar und schreiben die Fehler mit (Tipp 48) oder Sie wählen eine Gruppe aus, die die Texte nicht mitliest und mit

❯ Tipp 15

der Sie etwas anderes machen (Tipp 15).

BINNENDIFFERENZIERENDE METHODEN KENNEN: KUGELLAGER

24

Innen- und Außenkreis

Eine effektive Methode, um alle Schüler gleichzeitig zum Sprechen zu bringen oder Lerninhalte zusammenzufassen, ist das Kugellager. Die Hälfte der Schüler stellt sich zu einem Außenkreis, die andere Hälfte zu einem Innenkreis auf. Jeweils ein Schüler aus dem Außen- und ein Schüler aus dem Innenkreis stehen sich gegenüber. Nur der Außenkreis bewegt sich im Uhrzeigersinn, der Innenkreis bleibt stehen. Sie geben eine Frage mit in das Kugellager, über die sich die Paare unterhalten sollen. Nach einer Weile geben Sie ein Signal, mit dem die Gesprächsphase beendet wird. Dann legen Sie fest, ob der Außenkreis nun eine, zwei, fünf … Personen weitergehen soll, um einen neuen Partner zu finden. Sie können die gleiche oder eine neue Frage in das Kugellager geben und neu starten.

SOS-Tipp

Wenn Sie keinen Platz für ein Kugellager haben, können sich die Schüler auch in zwei Reihen gegenüber aufstellen. Dann wird daraus das Speed-Dating. Das Prinzip ist das Gleiche. Eine Seite bewegt sich, die andere nicht. Die Person am Ende einer Reihe muss dann zum anderen Ende laufen, um einen neuen Partner zu finden.

Warum ist diese Aktivität binnendifferenzierend?

- Die Kommunikation läuft ungesteuert, alle können unbeobachtet sprechen. **Ungesteuerte Kommunikation**
- Es können je nach Leistungsniveau unterschiedliche Gespräche geführt werden. Besonders deutlich wird das, wenn die Fragestellung jedes Mal gleich bleibt. Dann kann ein Schüler von dem profitieren, was gerade gesagt wurde, dies dann einer anderen Person mitteilen oder dadurch auf eine andere Idee kommen.
- Der Fokus liegt nicht bei Ihnen, sodass Sie ungebunden sind (Tipp 16). Sie können lauschen und so heraushören, **❯ Tipp 16** ob die Inhalte, die Sie vermitteln wollten, angekommen sind bzw. was Sie gegebenenfalls noch einmal wiederholen müssten. Sie haben hier auch die Möglichkeit, mit einem Schüler, den Sie in diesem Moment besonders fördern möchten, mitzulaufen und ihn sprachlich zu unterstützen (Tipp 14, 15). **❯ Tipp 14, 15**

BINNENDIFFERENZIERENDE METHODEN KENNEN: LERNWERKSTATT

25

Das Werkstatttraining ist eine hervorragende Möglichkeit, binnendifferenziert tätig zu sein. Es geht nicht darum, den Schülern direkt Wissen zu vermitteln und stetig von einer Person zur anderen zu gehen, wie es normalerweise in Partner- oder Gruppenarbeiten der Fall ist. In dieser Situation sind Sie nicht mehr Lehrer, sondern Lernbegleiter: Sie beobachten, stellen Fragen, animieren dazu, eigene Lösungen zu finden, und helfen schwächeren Schülern, die nicht unbedingt leichtere Aufgaben benötigen, sondern manchmal nur mehr Unterstützung.

Diese Methode eignet sich immer am Ende eines großen Themenkomplexes. Geben Sie zu Beginn einen groben Überblick über die möglichen Arbeitsformen. Halten Sie ein Mehrangebot an Materialien bereit, manche Teile gerne auch in mehrfacher Ausführung. Wichtig ist bei allen Werkstattmaterialien,

Mehr Material bereithalten als Schüler

- dass die Arbeitsformen bzw. Spielregeln hundertprozentig klar sind,
- dass die Lösungen bereitstehen und
- dass die Schüler wissen, was sie mit ihren Endprodukten tun sollen – ob sie sie selbst kontrollieren müssen oder sie zum Lehrertisch bringen sollen.

Achtung!

In der Lernwerkstatt sollten Lerndauer, Lerntempo und Lernweg nicht vorgegeben werden. Lassen Sie die Schüler selbst entscheiden, wie lange sie welches Material bearbeiten.

Was eine Werkstatt ausmacht, ist eine Auswahl an vielen Materialien. Viele Lehrer scheuen sich davor, mit Werkstätten zu arbeiten, weil es ihnen zu aufwendig erscheint, diese vorzubereiten. Hier ein paar Tricks, die Ihnen helfen, das Ganze gut zu bewältigen.

Die Wiederholungskiste: Wenn Sie neuen Wortschatz einführen, machen Sie dies oft mit einem visuellen Impuls. Sammeln Sie die Bilder; diese können später als Wort-Bild-Zuordnungskarten genutzt werden.

Wenn Sie Textpuzzles erstellt haben, können Sie auch diese zusammen mit dem Original in Briefumschlägen sammeln. Empfehlenswert ist weiterhin das Anlegen von „Tabu-Karten". Sie sparen sich Arbeit, wenn Sie dabei die Schüler einbinden. Als Hausaufgabe sollen sie zu jeweils fünf bis zehn neuen Vokabeln kleine Kärtchen schreiben. Ganz oben steht der zu ratende Begriff und darunter finden sich drei bis vier Wörter, die man gut brauchen könnte, um den Begriff zu umschreiben. Zu einem späteren Zeitpunkt sammeln Sie die Kärtchen ein, unterteilen die Klasse in zwei Gruppen und jeweils eine Person erklärt ihrer Gruppe das gesuchte Wort. Die Wörter, die auf dem Kärtchen stehen, dürfen nicht verwendet werden. Das Spiel kann jederzeit – auch in der Werkstatt – hervorgeholt und gespielt werden. Oder man nutzt die Wörter als Vokabelwiederholung, oder zum Geschichtenerzählen, oder, oder … Gut ist es, Material zu sammeln, das sich später immer in irgendeiner Form für das autonome Lernen eignet. Auch andere Materialien, die Sie oder die Schüler vermeintlich nur für eine Unterrichtsstunde entwickelt haben, eignen sich hervorragend für die Wiederholungskiste. Wichtig ist nur, dass Sie alles gut beschriften – entweder nach Themen oder Lektionen.

Material zum Wiederverwenden: Übungen zu einem Thema, die Sie nicht direkt einsetzen wollen, können Sie sammeln. Wenn Sie dann z. B. eine Lesewerkstatt zum Thema „Orte" machen möchten, kopieren Sie alles aus Ihrem Fundus, was Ihnen zum Thema gefällt, einmal – einschließlich der Lösungen. Dann heften Sie es in einer Mappe ab und geben jedem Blatt eine fortlaufende Nummer. In die Mappe kommt zusätzlich ein Laufbogen (s. Abb. S. 46). Der Laufbogen zeigt, welche einzelnen Blätter sich in der Mappe befinden. Darauf können die Schüler markieren, welche Blätter sie schon bearbeitet haben.

Wichtig ist dabei, dass die Schüler nicht auf die Arbeitsblätter schreiben müssen, sondern die Lösungen und Einträge so auf einem eigenen Blatt notieren, dass sie sie bei der späteren Kontrolle den Aufgaben bzw. Schreiblücken zuordnen können.

Für Sie heißt das: Sie sammeln zu einem Thema Material, kopieren es einmal und haben es immer. Das ist so entspannend, dass Sie es dann sogar noch schaffen, drei verschiedene Lernwerkstätten zum jeweiligen Thema zusammenzustellen: eine für Anfänger, eine für Geübte und eine für Fortgeschrittene – sozusagen die Binnendifferenzierung in der Binnendifferenzierung.

Wenn du mit einem Text fertig bist, lege ihn zurück auf den Tisch und nimm dir einen neuen.

Bitte nichts in den Texten unterstreichen und nichts daraufschreiben!

Blatt	Thema	Sozialform	✓
a	Bildbeschreibung: Mehrfamilienhaus	allein	
b	Feng Shui	allein	
c	Alltag in einem Zehn-Personen-Haushalt	Partner	
d	Wer macht was im Haushalt – Blogeintrag	allein	
e	Bildbeschreibung – In der Stadt	Partner	
f	Kuriositäten	Partner	
g	Vor- und Nachteile des Landlebens	allein	
h	Auf dem Schiff arbeiten	allein	
i	Merkwürdige Berufe	Partner	
j	Der Traum vom sicheren Reisen	Partner	
k	Bäume	allein	
l	Hohe Gebäude	Partner	
m	Zugspitze	allein	

Beispiel: Laufbogen Lesewerkstatt „Orte"

Alte Zeitungen sammeln

Alles ist brauchbar: Gelesene Zeitschriften und Zeitungen sind ideale Bildquellen. Sammeln Sie zu Hause einfach alles, was Sie an bebilderten Printmedien finden können, und bewahren Sie es in einem Karton auf. Verbunden mit kreativen Schreibideen oder Theateraufgaben können so wunderbare Texte, Vokabelcollagen und Wandzeitungen entstehen

❯Tipp 78 (Tipp 78).

Spielekiste: Es gibt hervorragende Sprachspiele zu kaufen, aber auch viele, die leicht zusammen mit den Schülern herstellbar sind. Spielen ist Lernen auf sehr komplexe Weise. Alle schon oft verwendeten Spiele können auch in einer Werkstatt zur Verfügung gestellt werden.

BINNENDIFFERENZIERENDE METHODEN KENNEN: STATIONENLERNEN

26

In der Lernwerkstatt (Tipp 25) kann es theoretisch passieren, dass 25 Schüler 25 verschiedene Materialien bearbeiten. Anders sieht es beim Stationenlernen aus. Dort hat jeder das gleiche Arbeitsblatt vor sich – nur eben zu unterschiedlichen Zeiten. Deshalb ist es beim Stationenlernen grundlegend wichtig, dass die Stationen – selbst wenn sie das gleiche Thema behandeln – völlig autark sind und nicht aufeinander aufbauen.

> Tipp 25

Alle Stationen sind autark

Stationenlernen ist in vielerlei Hinsicht wertvoll. Das Lernen mit allen Sinnen kann gefördert werden, die Schüler arbeiten im Team, handlungsorientiert und selbstständig, sie müssen gemeinsam Problemlösungsstrategien entwickeln und es können neue Lernzugänge geschaffen werden. Diese Methode eignet sich sowohl zur Einführung als auch zur Wiederholung.

Wichtig ist, dass das Stationenlernen in einer Präsentationsphase endet. Passende Aufgaben zur Produkterstellung sollten mit bedacht werden.

Zum Aufbau: Die Lernstationen werden durchnummeriert. Zu empfehlen sind circa vier Stationen und zwei Pufferstationen. Letztere sind solche, die als zusätzliche Differenzierung nach Zeit angeboten werden, falls Schüler innerhalb einer Station schon fertig sind. Diese sollten keine aufwendige Produkterstellung erfordern und leicht kontrollierbar sein.

Zwei Pufferstationen anlegen

Bei der Anordnung ist es wichtig, dass an aufeinanderfolgenden Stationen verschiedene Sinne angesprochen werden und eine Station auch mal leichter ist als die vorherige – sozusagen zur „Erholung". An jeder Station muss für alle Schüler genügend Material ausgelegt werden. Bei Ihnen kann der Informationstisch eingerichtet sein. Dort sollten neben Lösungen und Wörterbüchern auch Präsentationsmaterialien liegen.

Stellen Sie zu Beginn alle Stationen kurz vor. Sie haben die Möglichkeit, die Stationen mit Zeitvorgabe durchzuführen, damit die Schüler trainieren, mit einem gegebenen Zeitrahmen klarzukommen. Nach Ablauf der Zeit geben Sie ein akustisches Signal, woraufhin alle zur nächsten Station wechseln sollen, d. h. von Station 1 zu 2, von 2 zu 3 usw. Dann kann Unfertiges nicht beendet werden. Die andere Variante ist, dass die Schüler sich selbst organisieren. Sie gehen von einer Station zu einer anderen, sobald sie fertig sind. Dabei müssen sie sich an keine bestimmte Reihenfolge halten.

SOS-Tipp

Die folgende Checkliste kann Ihnen bei der Planung helfen:

- Eignet sich das Thema zur Bearbeitung an Stationen?
- Sind die Arbeitsaufträge klar formuliert?
- Ist genügend Material an allen Stationen vorhanden?
- Gibt es unterschiedliche Methoden?
- Ist die angesetzte Zeitangabe realistisch?
- Sind Hilfsmittel (Lösungsblätter, Wörterbücher etc.) vorhanden?
- Wissen die Schüler, dass und wie sie das Ergebnis präsentieren sollen?

BINNENDIFFERENZIERENDE METHODEN KENNEN: EXPERTENGRUPPEN

27

Das entdeckende und kooperative Lernen können Sie mit der Methode „Expertengruppe", auch „Gruppenpuzzle" genannt, fördern. Gerade die stilleren Schüler lassen sich hiermit geschickt aus der Reserve locken.

Teilen Sie die Schüler in z. B. vier Gruppen, die Sie jeweils nach einer Farbe benennen. Jede Gruppe bekommt einen anderen Text(abschnitt), aber die gleichen Aufgaben. Zum Beispiel: *Worum geht es? Unterstreiche alle Adjektive nach dem Artikel* (in den verschiedenen Texten gibt es dann jeweils nur die Formen mit dem unbestimmten Artikel im Dativ oder nur die mit dem bestimmten Artikel im Akkusativ etc.). Die Schüler erarbeiten sich gemeinsam ihren Text und analysieren ihre Ergebnisse. Dabei machen sie sich jeder für sich Notizen. Sie werden somit zu „Experten" für ihren Text(abschnitt). In dieser Phase können Sie herumgehen und alle ungeklärten Fragen beantworten.

Danach werden die Gruppen neu sortiert. In jeder neuen Gruppe sind alle Farben vertreten, d. h. es gibt einen Experten für jeden Text(abschnitt). Jeder erklärt den anderen seine Ergebnisse. Als letzten Schritt sollte alles zusammengefügt werden. Bezogen auf das Beispiel zu den Adjektivendungen könnte so gemeinsam eine Tabelle ausgefüllt werden. Auf diese Weise erarbeiten sich die Schüler die Regeln selbst – der Lerneffekt ist dadurch wesentlich nachhaltiger, als wenn Sie die Tabelle zuvor an die Tafel geschrieben hätten.

Lernen durch Lehren

Was ist nun das binnendifferenzierte an dieser Methode? Die Schüler, die mehr Erklärungen oder Hilfestellungen benötigen, bekommen diese zum einen durch die Gruppe selbst und zum anderen, je nach Bedarf, zusätzlich durch den Lehrer. Das „Erklärenmüssen" ist zudem eine gute Gedächtnisübung. Stärkere Schüler haben die Regeln danach bereits abgespeichert, schwächere Schüler haben sie zumindest verstanden und können zu Hause selbstständig damit weiterarbeiten (Tipp 41).

❯ Tipp 41

BINNENDIFFERENZIERENDE METHODEN KENNEN: INDIVIDUALZEITEN

28

Erklären Sie einen Zeitabschnitt innerhalb des Unterrichts – etwa eine Viertelstunde – zur Individualzeit. In dieser Zeit darf jeder Schüler an dem arbeiten, was ihn gerade im Deutschen beschäftigt. Vielleicht hat ein Schüler seine Hausaufgaben vergessen und holt sie so noch schnell nach, ein anderer lernt die letzten Vokabeln (gerne auch, indem er durch den Raum läuft) und wieder ein anderer führt seine Fehlerlisten (Tipp 50). Es handelt sich dabei um eine Phase der reinen Einzelarbeit. Das Unterhalten und dadurch mögliche Abdriften ist nicht erlaubt.

❯ Tipp 50

Die einzige Ausnahme ist Ihr persönliches Gespräch mit einem Schüler. Mögliche Themen: Hausaufgabenkontrolle, Zielsetzungen, Vokabelabfragen, Grammatikvertiefungen, Nacherzählungen zu einem Buch und Ähnliches. Wichtig ist, dass Sie eine Liste darüber führen, mit wem Sie in welcher Stunde gesprochen haben, damit sich niemand benachteiligt fühlt. Nehmen Sie sich am besten vor, dass Sie sich jedem Schüler einmal pro Monat in dieser Einzelarbeitsphase individuell zuwenden.

Jeden Schüler einmal im Monat individuell sprechen

Durch das direkte Gespräch sind Sie viel näher an den Schülern dran und können sie auch besser unterstützen. Sie wissen, womit Sie sie am ehesten erreichen, was ihnen guttut. Ihre Gesprächsnotizen können Sie dem persönlichen Heft des betreffenden Schülers beifügen (Tipp 14), um immer ein Gesamtbild zu haben.

❯ Tipp 14

SENSIBEL SEIN

29

Dass das für uns als gängige und höfliche Form der Begrüßung etablierte Händeschütteln gegenüber vielen Menschen aus anderen Kulturkreisen vermieden werden sollte, weil die körperliche Berührung dabei für sie als unsittlich gilt, ist mittlerweile wohl allgemein bekannt. Es treten aber auch immer wieder Situationen auf, in denen wir das Problem vielleicht nicht gleich erkennen. Gerade im DaZ-Unterricht gibt es täglich Neues, das im Zusammenhang mit kulturellen Verschiedenheiten zu Missverständnissen, im schlimmsten Fall sogar zu Konflikten führen kann.

Um die Ecke gedacht

Hier ein Beispiel aus meiner Unterrichtspraxis: Einmal wollte ich mit der Klasse verschiedene kulturelle Tänze üben. Ein Schüler, sonst sehr offen und für jeden Spaß zu haben, benahm sich bei der Ankündigung dazu merkwürdig. Was das solle? Er hätte dazu keine Lust, diese Tänze seien albern. Es wirkte, als sei er den anderen Kulturen gegenüber voreingenommen, was einige in der Klasse ihm ziemlich übel nahmen. Der eigentliche Hintergrund, erst Tage später in einem Vieraugengespräch mit ihm geklärt, war aber der, dass er Mädchen aus religiösen Gründen nicht beim Tanzen zuschauen dürfe.

Weitere unzählige Beispiele könnten aufgezählt werden, die wie hier zeigen, dass für uns selbstverständliche Handlungen nicht für jeden selbstverständlich sind. Das heißt nicht, dass Sie deshalb beispielsweise keine Tänze anbieten dürfen; wichtig ist nur, sensibel auf unerwartetes Verhalten zu reagieren.

„Wir sind hier in Deutschland. Wer hierher kommt, muss sich anpassen." – So oder ähnlich lautet eine gängige Reaktion auf derartige Situationen. Die Erfahrung zeigt jedoch: Für das Miteinander ist diese Haltung problematisch. Das trifft besonders zu, wenn der Sprachstand der betroffenen Person noch auf einem so niedrigen Level ist (Tipp 1), dass nicht ausführlich und mit den richtigen Worten darüber diskutiert werden kann.

❯ Tipp 1

Das eigene Verhalten erscheint uns normal und angemessen, fremdes Verhalten oft seltsam und stereotyp. Kommen zwei Menschen zusammen, die aus unterschiedlichen Kulturen kommen, sind es vor allem nonverbale Signale (Tipp 33), die als Erstes wahrgenommen werden. Für diese müssen im DaZ-Unterricht Lehrer wie Schüler stärker sensibilisiert werden. „Versteh mich nicht falsch!" (Grosse/Reker 2010) ist ein empfehlenswertes Buch über die Auslegung verschiedener Gesten.

❯ Tipp 33

Um die Ecke gedacht

> Eine Kultur erlernt man – sie ist nicht genetisch vorpro-
> grammiert und auch nicht starr. Es ist auch durchaus nor-
> mal, sich in verschiedenen kulturellen Gruppen zu bewe-
> gen. Aber warum ist Kultur eigentlich wichtig? Es ist wie
> ein Navigationsgerät und hilft bei der Orientierung. Dank
> unserer kulturellen Verankerung können in unserem Ge-
> hirn Prozesse automatisch, also unbewusst ablaufen. Das
> spart Energie, und darum ist unser Gehirn stets bemüht:
> Energie zu sparen. Schwierig wird es immer dann, wenn
> das Navi sagt „rechts abbiegen", dort aber noch Wald ist
> oder ein See oder gar nichts. Dann müssen wir genauer
> schauen, wo vielleicht der Weg langgeht, sogar manchmal
> aussteigen (vgl. Diakonisches Werk Württemberg 2001).

SCHÜLERWAHRNEHMUNG BERÜCKSICHTIGEN

30

Störungen im Unterricht entstehen oft, wenn der Unterschied zwischen dem, was der Lehrer will, und dem, was die
Schüler wollen, zu groß ist. Auch die unterschiedliche Wahr-
nehmung des Unterrichts spielt hier eine Rolle. Bei anhalten-
den oder ständigen Unterrichtsstörungen sollte der Lehrer
deshalb versuchen, mal in die Perspektive der Schüler zu
wechseln, und auch sein eigenes Verhalten hinterfragen.
Was nehmen die Schüler wohl wahr? Empfinden Sie den Unterricht als langweilig? Ist der Unterschied zwischen dem,
was ich will, und dem, was die Schüler wollen, zu groß?
Das ist nicht immer ganz einfach. Wenn man damit alleine
nicht weiterkommt und nicht verstehen kann, was im Unterricht möglicherweise schiefläuft (bzw. was man evtl.
selbst ändern sollte), könnte eine kollegiale Hospitation
helfen.

31

Viele Lehrer neigen dazu, sich durch unangemessenes Schülerverhalten persönlich angegriffen zu fühlen. Dann reagieren sie emotional, verhängen oft übertriebene Strafen und sehen den eigenen Kontrollverlust, wenn der betreffende Schüler sich dagegen wehrt. Als Lehrer ist man für vieles Projektionsfläche; das Verhalten eines Schülers hat eine Ursache, die nicht unbedingt mit der Person des Lehrers zu tun haben muss. Zu zeigen, wer mehr Macht im Unterricht hat, ist da kontraproduktiv.

Im DaZ-Unterricht spielt in diesem Zusammenhang die kulturelle Komponente mit eine Rolle; auch sie kann ein bestimmtes Verhalten hervorrufen (Tipp 29).

❯ Tipp 29

Um die Ecke gedacht

Eine Kollegin berichtete mir von einer Flüchtlingsklasse, in der die Kinder kamen, wann immer sie wollten. Auf die Frage, ob sie sich in ihrem Heimatland auch so verhalten würden, antworteten sie: Nein, denn dort würden sie sonst vom Unterricht ausgeschlossen oder geschlagen werden. Dass diese Form der Sanktion hier nicht droht, verstanden sie als Hinweis darauf, dass pünktliches Erscheinen zum Unterricht bei uns keine wichtige Regel ist. Es war recht mühsam, diese Meinung zu ändern. Die Schüler mussten viel über demokratische Prozesse und den hiesigen Verhaltenskodex lernen, was zeitaufwendig war und zum Teil sprachlich schwierig.

Verhaltensmuster sind vielfältig, und sie zu analysieren, würde den Rahmen dieses Buches sprengen. Wichtig ist, sich als Lehrer bewusst zu machen, dass hinter störendem Verhalten oft eine Unsicherheit des Betroffenen steckt. Schüler, die auf diese Weise auffallen, haben oft in der Gruppe noch nicht ihren Platz gefunden oder verfügen über wenig Selbstbewusstsein. Eine aufmerksame Verhaltensbeobachtung, die Ritualisierung des Unterrichts mit klaren Spielregeln und die Stärkung des Sozialverhaltens z. B. durch regelmäßige Klassenkonferenzen etc. können präventiv dazu beitragen, dass es zu weniger Störungen im Unterricht kommt.

Tritt eine Störsituation dennoch auf und Sie müssen intervenieren, sollten Sie versuchen, die Energie umzulenken, das Verhalten zu spiegeln oder eine physische Nähe zu zeigen (ohne Berührungen – indem Sie sich z. B. hinter die Person stellen). Sanktionen sollten nur das allerletzte und äußerst selten gebrauchte Mittel sein, um mit Störungen umzugehen, weil sie nicht dazu führen, dass der Betroffene sein Verhalten grundsätzlich ändert. Ganz wichtig ist dabei, die Verhältnismäßigkeit der verhängten Strafen im Blick zu haben. Der Austausch mit Kollegen und gegebenenfalls der Rat von Experten kann Ihnen helfen, hierbei mehr Sicherheit zu bekommen.

DISZIPLINPROBLEME IM VORFELD LÖSEN

32

Typische Strafmaßnahmen bei Disziplinproblemen sind „Schreibe zehnmal, wie man sich im Unterricht verhält", „Ab Morgen sitzt du in der letzten Reihe", „Du bekommst einen Eintrag" oder „Einmal nachsitzen am Freitag". Ob das zum gewünschten Ergebnis führt, ist fraglich, weil es ein Gegeneinander fördert und zu Trotzreaktionen der Schüler führen kann. Außerdem erfolgen diese Maßnahmen oft zeitverzögert und sind damit nicht mehr mit dem eigentlichen „Vergehen" in direkte Verbindung zu bringen. Schlimmstenfalls bleibt es bei einer leeren Drohung, die vergessen und nicht umgesetzt wird (Tipp 34).

❯ Tipp 34

Schon Jacob Kounin (1976), empirischer Forscher von Disziplinproblemen, erkannte, dass weniger die Reaktion auf ein Verhalten entscheidend ist als vielmehr das, was zuvor passiert ist. In erster Linie sollte es also darum gehen, dass es erst gar nicht zu Störungen kommt.

Möglichst vorbeugend arbeiten

Eine sehr wichtige Fragestellung dabei ist: Was hat störendes Verhalten mit Ihnen als Lehrer zu tun? Denn nur das können Sie wirklich beeinflussen. Und es gibt eine Menge Dinge, die

Lehrer manchmal oder regelmäßig, bewusst oder unbewusst tun, die zu Disziplinproblemen führen.

- Je umständlicher der Lehrer erklärt, desto eher verliert er die Aufmerksamkeit der Schüler. Das Gleiche gilt für langes und monotones Sprechen – und leider reden Lehrer einfach gern und viel. Das ist ein Punkt, bei dem Sie sich jeden Tag beobachten und reflektieren sollten. *Wie hoch war heute mein Redeanteil?*

Einfach erklären

- Fehlende Struktur und schlechte Vorbereitung führen dazu, dass es zu Leerphasen kommt. Das passiert beispielsweise, wenn der Lehrer eine längere Arbeitsanweisung während der Stunde an die Tafel schreibt oder eine Übung nicht bis zum Ende durchdacht hat und diese nicht rund läuft. Der Unterrichtsfluss kommt ins Stocken. Alles, was vom Hauptgeschehen ablenkt (Materialaufbau, Nebengespräche mit einzelnen Schülern oder anderen Lehrern etc.) fördert Unruhe. Dann darüber zu sprechen *(Warum seid ihr so unkonzentriert?)* schafft nur noch mehr Unruhe.

Gut vorbereitet sein

- Auch das Soziale spielt eine große Rolle. Inkonsequenz des Lehrers wird von Schülern oft bemängelt und ist gerade in der pubertären Phase ein großes Thema. Wenn Regeln eingeführt werden, dann sind diese auch konsequent durchzusetzen. Soll sich z. B. jeder erst melden, bevor er etwas sagt, darf der Lehrer auf keinen Fall auf Zwischenrufe reagieren.

Konsequent sein

- Nichtbeachten von Vorgängen in der Klasse nach dem Motto „Das löst sich vielleicht von selbst" ist ebenfalls zu vermeiden. Manchmal fehlen einfach die Kraft und Lust, genau hinzusehen, und das rächt sich dann. Wenn es ein Problem gibt, sollte es sofort angesprochen werden.

SOS-Tipp

Dafür hat sich unter anderem die kooperative Konfliktlösung (vgl. Redlich/Schley 1981) als erfolgreich erwiesen. Bei dieser Methode wird die gesamte Klasse involviert. Das Problem wird benannt und die Schüler werden gebeten, sich anonym zu äußern. Dann setzt man Ziele fest und schafft klare Regeln. Die ersten Wochen dienen der Erprobung; in dieser Phase kann wöchentlich in einer Wandzeitung festgehalten werden, wie oft die Störungen noch aufgetreten sind (z. B. mit einer Strichliste für das Dazwischenrufen). Wenn die Zahl unter einem vorher festgelegten Wert liegt, kann eine Belohnung für die gesamte Gruppe in Aussicht gestellt werden, so z. B. ein Spiel am Ende der Stunde. Solche kooperativen Maßnahmen sollten aber nicht überstrapaziert, sondern immer nur dann angewendet werden, wenn sich ein Problem hartnäckig hält. Der Vorteil ist, dass die Schüler lernen, wie sie gemeinsam Konflikte lösen können.

Um die Ecke gedacht

Schüler im Sekundarstufenalter möchten unbedingt auf Augenhöhe betrachtet werden. Sie sind durchaus bereit zu verhandeln, sie lieben Wettbewerbe und das Verhältnis zu den Mitschülern ist ihnen immens wichtig. Das können Sie sich zunutze machen. Außerdem stört nicht jeder Schüler bei jedem Lehrer. Es lohnt sich also immer, sich selbst zu hinterfragen (Tipp 34).

❯ Tipp 34

NONVERBALE SIGNALE EINFÜHREN

33

Wenn es Ihnen schwerfällt, Gehör zu finden, ist es selten sinnvoll, einfach lauter zu werden. Denn das ist nicht nur für Sie und Ihre Stimme erschöpfend, sondern führt zudem meist noch nicht einmal zum gewünschten Effekt. Viel hilfreicher ist hier, sehr bewusst und differenziert mit der Stimme umzugehen und nonverbale Signale einzusetzen. Arbeiten Sie viel mit Symbolen und Gesten, entsteht ein ganz anderes Klassenklima.

Achtung!

Hier einige wichtige Hinweise zur nonverbalen Kommunikation:

- Zunächst einmal muss es eine Kohärenz zwischen dem geben, was Sie sagen, und dem, was Sie tun. Wenn Sie Ruhe haben wollen, sollten Sie selbst in Ihren Bewegungen Ruhe ausstrahlen (vgl. Nitsche 2009).
- Hilfreich ist es auch, die Stimmlage bewusst zu verändern, quasi damit zu spielen. Wenn Sie um Ruhe bitten, können Sie kurz die Stimme anheben, um sie gleich danach wieder zu senken, bis zu einem Punkt, an dem Sie fast flüstern. Das hat eine ganz andere Wirkung, als wenn Sie die ganze Zeit versuchen, die Stimmlage der Gruppe zu übertönen. Haben Sie die Aufmerksamkeit Ihrer Schüler zurück, können Sie wieder normal sprechen (vgl. ebd.).

Stimmlage bewusst verändern

- Manchmal hilft es, fremde, ungewohnte, aber leise Geräusche zu machen – z. B. ein zartes Glöckchen erklingen zu lassen oder kurz zu miauen.
- Aufmerksamkeit erhalten Sie auch durch Visualisierungen (Tipp 57) und Stille.

❯ Tipp 57

Um die Ecke gedacht

Sehr beeindruckt war ich mal bei einer Fortbildung, in der der Dozent nur ein Kreuz an die Tafel schrieb, sich dann wieder hinsetzte und uns anschaute. Zunächst wussten wir nicht, was das sollte. Nach einer Weile begannen wir, Assoziationen zu diesem Kreuz abzugeben, die der Dozent dann aufnahm und an die Tafel schrieb. Da es eine Fortbildung für DaZ-Lehrer war, nannten wir auch bewusst grammatisch falsche Sätze. Die nahm er auf, setzte ein Fragezeichen dahinter und irgendwann, wenn jemand den Fehler mündlich verbessert hatte, schrieb er den Satz um und entfernte das Fragezeichen. Alles ohne ein Wort, ohne eine Aufgabenstellung. Ich fand das deshalb sehr beeindruckend, weil sich trotzdem eine ziemlich intensive Wortschatzstunde zum Thema „Orientierung in der Stadt" anschloss. Impulse setzen und abwarten, ist für mich seitdem ein wunderbares Element, um nonverbal zu arbeiten. Aber die Stille muss man aushalten können.

❯Ankerplätze festlegen

- Zu empfehlen ist darüber hinaus, in Absprache mit den Schülern Punkte im Raum festzulegen – sogenannte Ankerplätze –, die Verschiedenes bedeuten: ein Ort zum Unterrichten, zum Disziplinieren, zum Auftanken, um Ruhe herzustellen ... Wenn Sie beispielsweise eine Partner- oder Gruppenphase beenden möchten, bei der es durchaus etwas lauter sein kann, tun Sie nichts weiter, als sich an den entsprechenden Punkt im Raum zu stellen (vgl. Nitsche 2009). Zuerst werden es natürlich die Schüler merken, hinter denen Sie direkt stehen. Sie können sich darauf verlassen, dass diese sogleich die anderen disziplinieren werden. Dieses Vorgehen funktioniert erfahrungsgemäß sehr gut. Und es fühlt sich wunderbar friedlich an – ganz ohne Worte.

SOS-Tipp

Das hilft selbst dann, wenn ein Schüler aus der Reihe tanzt – kurz Präsenz hinter ihm gezeigt und er ist in der Regel sofort ruhig. Stark verhaltensauffällige Schüler sind mit diesen einfachen Maßnahmen leider nicht gleich zu „bändigen". Bei ihnen hilft es aber manchmal, zusätzlich kurz die Hand auf die Schulter zu legen (Tipp 32).

❯Tipp 32

Gleich mal ausprobieren

Den Übergang zur Stillarbeit können Sie wie folgt gestalten:
- Arbeitsauftrag erteilen, dazu gleich einen zusätzlichen Arbeitsauftrag für Schüler, die schnell fertig werden

- aktivierende Wörter wie „Nehmt" „Öffnet" etc. am Schluss aussprechen, sonst ist sofort die Aufmerksamkeit weg
- Visualisierung
- Rückfragen
- anfangen lassen
- 20 Sekunden warten, um die Konzentration herzustellen (bei unruhigen Schülern hilft körperliche Nähe, um die Konzentration einzuschalten)
- Ende der Stillarbeit ankündigen

DAS EIGENE LEHRVERHALTEN HINTERFRAGEN

34

Wir sind oft nicht sehr fantasievoll im Umgang mit Problemen, meist geradezu eindimensional. Gibt es eine Störung, versuchen wir sie disziplinarisch zu lösen, das heißt von Lehrer zu Schüler. Wir wollen, dass sich der Schüler ändert, dass er sein Verhalten anpasst. Was ist aber mit der Seite Schüler zu Lehrer? Oder auch der Lernumgebung? Je stärker wir disziplinieren, desto erfolgloser sind wir (Tipp 32). Und trotzdem machen wir das immer und immer wieder – mit der gleichen negativen Konsequenz. Von wirklicher Problemlösung keine Spur. Die Schüler haben kein Mitspracherecht. Der Lehrer plant, regelt, diszipliniert.

❯ Tipp 32

Im Gespräch mit einer anderen Lehrerin fiel einmal der Satz „Da musste ich selbst als Kind durch, dann müssen die Schüler da jetzt auch durch."

Glaubenssätze sollten wir über Bord werfen. Zu denken, wir müssten immer und zu jeder Zeit zeigen, wer im Klassenzimmer der Stärkere ist und dass es nicht passieren darf, dass uns die Schüler auf der Nase herumtanzen, schränkt unsere Handlungsfähigkeit stark ein. Auch die Vorstellung, wir dürften uns vor den Schülern keine Blöße geben, müssten quasi fehlerfrei agieren, ist ein Korsett, das es zu sprengen gilt.

Glaubenssätze über Bord werfen

Überprüfen Sie ganz kritisch für sich, ob Sie selbst auch noch so einen Glaubenssatz in sich tragen, wenn auch ganz klein. Dann wäre es der erste gute Ansatz, diesen einmal zu hinterfragen.

Um die Ecke gedacht

Eine Kollegin fragte mich mal, warum die Schüler bei mir immer so diszipliniert seien und ob ich ihr einen Tipp geben könne. Zunächst musste ich lachen, denn in meiner Klasse ist es oft recht laut; es ist jedoch eine Lautstärke, die beim gemeinsamen Arbeiten entsteht, also scheint sich das wohl von außen anders anzuhören als eine Klasse, die einfach nur Quatsch macht. Vielleicht liegt aber auch genau da der Schlüssel zum Erfolg: Wir lernen immer mit vollem Einsatz.

Die Kollegin erklärte mir ihr Problem, dass die Schüler keinen Respekt vor ihr hätten. Wenn Sie Ihnen Strafaufgaben gäbe, würden sie immer diskutieren. Wir haben dann ziemlich detailliert analysiert, wann sie für welchen Grund Strafen gibt und in welcher Form. Das passierte oft beim Nichtzuhören und endete in der immer wiederkehrenden Aufgabe, aufzuschreiben, wie man sich im Unterricht verhält. Es ist nachvollziehbar ein Problem, wenn die Aufmerksamkeit nicht beim Lehrer liegt und dass es stört, wenn gequatscht und getuschelt wird. Und nicht immer kann man sagen, dass man als Lehrer doch etwas Interessanteres hätte anbieten sollen. Die Frage ist, wird es durch Strafmaßnahmen wie die obere besser? Ich versuche es meist eher mit einem persönlichen Gespräch, in dem ich auch erkläre, wie es mir dabei geht, wenn ich mich extra für sie vorbereitet habe und mir dann keiner zuhört.

WORTSCHATZINSELN SCHAFFEN

35

> Tipp 41

Die Verarbeitung von Wörtern erfolgt in unterschiedlichen Teilen unseres Gehirns – je nachdem, ob wir sie hören, sehen, sprechen oder lesen. Damit sie gut verankert werden können, sollten sie an verschiedenen Orten des Gehirns abgelegt und miteinander verbunden werden (Tipp 41). Sie müssen vielfältig und oft wiederholt werden, um dauerhaft abrufbar zu sein. So weit, so gut.

Werden im Unterricht neue Wörter eingeführt, fehlt anschließend oft die Zeit, um sie zu üben und somit langfristig abzuspeichern. Üblicherweise wird dies dann als Hausaufgabe „ausgelagert". Das hat häufig zur Folge, dass einige wichtige Wörter in der nächsten Stunde von den Schülern wieder als neu eingestuft werden, weil sowohl das richtige Verstehen als auch die Wiederholung nicht geklappt haben und sie die Wörter schlichtweg wieder vergessen haben. Deshalb ist es wichtig, auch im Unterricht Zeit zum Wörterlernen zu geben – z. B. in Form von kleinen Wortschatzinseln. Gerade in der Anfangsphase des Deutschlernens ist Wortschatzarbeit das wichtigste Thema überhaupt. Eine gewisse Anzahl von Wörtern zu kennen, bildet die Ausgangsbasis, auf die überhaupt erst eine Fähigkeit der Kommunikation und ein Grammatikverständnis aufgebaut werden können (Tipp 4).

Wortschatzübung nicht zu oft als Hausaufgabe „auslagern"

❯ Tipp 4

Ein aktiver Wortschatz von 2000 Wörtern als Grundlage stellt ein Minimum dar (vgl. Bohn 2000). Beim Aufbau dieses Grundwortschatzes sollten Sie von Anfang an bestimmte Stolpersteine im Deutschen berücksichtigen. Dazu gehören bei Nomen der Artikel und die Pluralform, bei Verben die Mehrwertigkeit, d. h. ob beispielsweise ein Akkusativobjekt folgen muss, und das Partizip II (Tipp 2, 87, 89).

❯ Tipp 2, 87, 89

Gleich mal ausprobieren

Es gibt vielfältige Methoden, Wortschatz zu trainieren und zu wiederholen. Hier ein paar Vorschläge:

Ein Dutzend am Tag: Schreiben Sie in jeder Stunde zehn bis zwölf Wörter des neuen oder zu wiederholenden Wortschatzes an, die sich die Schüler merken sollen. Dafür geben Sie ihnen 30 Sekunden Zeit. Danach wird der Anschrieb abgewischt. Die Schüler versuchen nun, die Wörter aus dem Gedächtnis aufzuschreiben – zunächst allein, dann in Partner- oder Gruppenarbeit. Zum Schluss sollte noch einmal auf die richtige Schreibweise geachtet werden. Die Schüler können die zu lernenden Wörter auch mit dem Handy aufnehmen und abhören oder Sie tun es und schicken eine Datei herum.

■ **Ich bin die Sonne. Was passt zu mir?** Sie stellen drei Stühle auf. Ein Schüler setzt sich in die Mitte zwischen zwei anderen und beginnt: „Ich bin die Sonne, was passt zu mir?" Die anderen überlegen und nennen z. B. Mond und Sterne. Der erste Schüler entscheidet sich jetzt für das Wort, das ihm besser gefällt: „Ich nehme die Sterne." Der Mond bleibt übrig, setzt sich in die Mitte und sagt: „Ich bin der Mond, was passt zu mir?" Daraufhin verabschieden sich Stern und Sonne und zwei neue Personen kommen zum Mond usw.

■ **Wort-Bingo:** 10 bis 15 Wörter, die wiederholt werden sollen, stehen an der Tafel. Jeder Schüler wählt fünf davon aus und schreibt sie auf. Sie lesen die Definition zu den an der Tafel stehenden Wörtern in einer beliebigen Reihenfolge langsam vor. Wer eines der Wörter auf seiner Liste hat, streicht es durch. Wer zuerst seine fünf Wörter durchgestrichen hat, ruft „Bingo".

WORTLISTEN ANLEGEN

36

Oft ist uns nicht bewusst, wie viele neue Wörter unsere Schüler pro Unterrichtsstunde aufnehmen müssen. Für sie ist es zudem schwierig zu erkennen, welche davon essenziell und welche etwas weniger wichtig sind. Bei manchen Wörtern reicht es vorerst vielleicht, sie in den passiven Wortschatz aufzunehmen.

Auf frequente Wörter und Wortverbindungen sollten Sie im Unterricht immer wieder zurückkommen (Tipp 86). Es ist wie das Fundament bei einem Hausbau: Nur wenn dieses stabil ist, kann weiter darauf aufgebaut werden.

❯ Tipp 86

Gleich mal ausprobieren

Überlegen Sie genau, welche Wörter für den aktiven Sprachgebrauch wirklich wichtig sind. Kennzeichnen Sie entsprechend bei Ihrem Tafelanschrieb diese Wörter mit einem „+", weniger wichtige Wörter mit einem „–".

Bei Letzteren müssen Sie selbst darauf achten, sie immer wieder mal ins Spiel zu bringen, damit die Schüler sie passiv weiterhin aufnehmen können. Für die „+"-Wörter können Sie sich eventuell Listen mit den wichtigsten hundert Verben, Nomen und Adjektiven anlegen. Achten Sie dann darauf, diese im Unterricht intensiv einzuführen, vielfältig zu üben und permanent zu wiederholen. Prof. Dr. Erwin Tschirner von der Universität Leipzig hat sich die Mühe gemacht, die frequentesten Wörtern in der deutschen Sprache zu ermitteln und aufzulisten. Diese Liste kann als Ausgangspunkt dienen.[3]

DAS VOKABELHEFT GESTALTEN

37

Wenn Sie sich dafür entscheiden, dass Ihre Schüler ein Vokabelheft führen sollen – was durchaus sinnvoll ist –, sollte das Heft so sein, dass man es gern in die Hand nimmt. Die Schüler können es z. B. schön gestalten, indem sie Fotos von Freunden, der Familie oder Urlaubsaktivitäten hineinkleben – je persönlicher das Heft wird, desto häufiger wird es benutzt. Auch auf den Vokabelseiten sollten immer wieder visuelle Impulse auftauchen. Das können Zeichnungen, Fotos, Bilder aus Zeitschriften etc. sein. Geben Sie dazu jeweils Anregungen, stellen Sie Bilder zur Verfügung, die die Schüler einkleben dürfen oder fordern Sie sie auf, solche zu einem bestimmten Thema mitzubringen.

Um die Ecke gedacht

Vielleicht fragen Sie sich an dieser Stelle, wozu das Ganze gut sein soll. Wir Menschen sind nun einmal auch ästhetisch und emotional veranlagt! Ein Bereich unseres Gehirns – das limbische System – spielt eine entscheidende Rolle sowohl bei der Verarbeitung von Emotionen als auch bei der Gedächtnisbildung. Kein Wunder also, dass beides eng miteinander verbunden ist.

---

3 http://wortschatz.uni-leipzig.de/html/wliste.html

38

Fragen Sie die Schüler, wann und wo sie zu Hause lernen. Besonders Familien, die noch nicht lange in Deutschland sind, können ihren Kindern nicht immer einen passenden Arbeitsplatz ermöglichen. Oft machen solche Schüler ihre Hausaufgaben am niedrigen Wohnzimmertisch, an dem sich gleichzeitig andere Familienmitglieder unterhalten. In vielen Fällen läuft dabei auch noch der Fernseher, weil das in manchen Kulturen einfach als Hintergrundgeräusch dazugehört (Tipp 29). Für die betroffenen Schüler bedeutet das, permanent unbewusst gegen Störquellen ankämpfen zu müssen. Ein erster wichtiger Schritt ist daher, Schülern und deren Eltern die Wichtigkeit eines ruhigen Ortes für die Hausaufgaben zu vermitteln.

> Tipp 29

Ruhigen Arbeitsplatz finden

Ein weiterer Punkt ist die Lernzeit. Findet das Lernen immer zur gleichen Zeit statt, schaltet das Gehirn quasi auf „Lernmodus" um. Das heißt, dass es viel schneller die volle Konzentration erreicht und aufnahmebereit ist.

Gleich mal ausprobieren

Lassen Sie die Schüler in einem Vier-Wochen-Experiment herausfinden, wann ihre beste Lernzeit ist. Das kann individuell sehr unterschiedlich sein. Am besten probiert jeder zunächst bewusst verschiedene Zeiten aus und führt darüber Protokoll. Es sollte hierbei nicht nur um Praktikabilität gehen, sondern auch um die beste physische Verfassung. Bei den meisten Schülern ist z. B. direkt nach der Schule erst einmal die Luft raus. Trotzdem werden viele gerade in dieser Zeit dazu angehalten, Hausaufgaben zu machen. Dabei könnte in vielen Fällen auch ein späterer Zeitpunkt gefunden werden, der zum Arbeiten geeigneter wäre. Meistens gibt es mehr Spielräume als gedacht!

Die Schüler können in dem Experiment auch dazu Stellung nehmen, wie sie sich fühlen, wenn ihnen Lernzeiten vorgegeben werden und ob sie überhaupt ohne Vorgaben selbst genug Kraft aufbringen, eine eigene Zeit zu finden. Anstatt des Experiments können Sie auch mithilfe eines Fra-

> gebogens herausfinden, wann für die Schüler die beste Zeit zum Erledigen der Hausaufgaben wäre: Wann stehst du morgens auf? Wann bist du am aktivsten? etc.

MIT DER MEMOROUTE ARBEITEN

39

Die Memoroute ist eine effektive Methode, um sich komplexe Themeninhalte dauerhaft zu merken. Tatsächlich wird sie selbst von Gedächtnisweltmeistern angewandt! Bei dieser Methode geht es darum, an verschiedenen Orten – im Kontext der Schule sind das Orte innerhalb des Klassenraums – bestimmte Inhalte abzulegen. Die Punkte sollten so angeordnet sein, dass die Memoroute danach gedanklich abgelaufen werden kann.

Den Raum als Gedächtnisstütze nutzen

Eine Umsetzung dieser Methode könnte etwa so aussehen: Sie beschäftigen sich im Unterricht gerade mit dem Thema „Berufe". Zunächst erarbeiten Sie mit der Klasse die Berufsbezeichnungen, wobei Bildkarten den zugehörigen Begriffskarten zugeordnet werden. Nachdem diese Phase abgeschlossen ist (Tipp 17), hängen Sie die Kartenpaare an die

❯ Tipp 17

Tür. Damit kennzeichnen Sie den Startpunkt Ihrer Memoroute. Dann erfolgt die zweite Unterrichtsphase, in der Sie vielleicht Texte lesen, in denen Verben vorkommen, die für die jeweiligen Berufe typische Tätigkeiten beschreiben. Diese notieren Sie wiederum auf Kärtchen (oder lassen es die Schüler tun – pro Verb ein Kärtchen) und hängen diese links neben die Tür. So verfahren Sie immer weiter im Uhrzeigersinn. Es können Orte, Materialien, Kleidungsstücke etc. sein, die zu dem Thema Arbeit passen. Wann immer Sie Inhalte der einzelnen Stationen wiederholen wollen, fordern Sie die Schüler auf, sich die Kärtchen zu merken. Dann hängen Sie zunächst nur einzelne davon ab und lassen die fehlenden aufsagen. Dann nehmen Sie alle ab und die Schüler zählen alle Kärtchen auf, an die sie sich erinnern.

Am nächsten Tag wiederholen Sie die Wörter des Vortags auf umgekehrtem Weg: Zunächst hängen keine Kärtchen da und die Schüler zählen auf, was ihnen einfällt. Es werden nur die Kärtchen wieder aufgehängt, an die sich die Schüler nicht erinnern konnten. So geht es weiter, bis irgendwann alle Inhalte zu diesem speziellen Ort abgespeichert wurden. Wenn die gesamte Berufe-Sequenz vorbei ist, sollten im Uhrzeigersinn verschiedene Punkte im Raum abgegangen werden können, auf denen Wörter, Themen etc. abgelegt wurden. Für die Schüler ist es nun möglich, wann immer sie sich an die Inhalte der Sequenz erinnern wollen, den Raum gedanklich abzulaufen und sich zu erinnern. Das ist sehr effektiv, eignet sich aber vorwiegend für größere Themenkomplexe.

Achtung!

Natürlich ist es möglich, den Raum für immer neue Memorouten zu benutzen. Damit es dabei nicht zu Verwechslungen kommt, muss auch das jeweilige Thema der Memoroute visualisiert werden und es sollten unterschiedliche Anfangsorte gewählt werden.

„MEIN LIEBLINGSWORT" INTEGRIEREN

40 Affektive Komponente

Was nichtmuttersprachlichen Schülern am meisten fehlt, ist differenzierter Wortschatz. Diesen aufzubauen, kann manchmal ermüdend und statisch sein. Um mal eine affektive Komponente einzubringen, ist die Aktion „Mein Lieblingswort" zu empfehlen. Die Schüler überlegen sich, welches Wort ihnen im Moment besonders gut gefällt und warum. Das schreiben sie dann auf ein DIN-A4-Blatt und gestalten es ansprechend.

Alle Blätter werden im Klassenzimmer aufgehängt. Die gesamte Lerngruppe geht nun – wie in einer Ausstellung – von Wort zu Wort und liest sich alles durch. Dadurch prägen sich dem Einzelnen auch Wörter ein, die er selbst vielleicht sonst nicht so wahrgenommen hat.

Diese Aktivität ist jederzeit wiederholbar. Die Blätter kön-

nen zudem mit in die Wiederholungskiste aufgenommen
werden (Tipp 25).

▶ Tipp 25

AN ANSCHLUSSSTELLEN ANKNÜPFEN

41

Informationen sollten neu, aber nicht *zu* neu sein, und es
sollte Spaß machen, sie zu erforschen. Neugier ist angeboren
und lässt nicht nach, wenn man keine Vorschriften erhält,
wie man sich einer Sache nähern soll. Aber viele Lerner müssen erst einmal aus der typisch passiven Konsumhaltung
beim Lernen wieder herausgeführt werden; sie entscheiden
selbst, was sie wann, wo und wie lernen und ob sie dafür
ihr bereits gefestigtes Weltbild überdenken oder daran fest-
halten.

Es kann sehr schnell passieren, dass Schüler abschalten, weil
sie mit den Informationen nichts anfangen können. Dinge
mit konkretem Bezug zum Alltag, Komisches, Verrücktes,
Spannendes – daran erinnert man sich eher als an Zahlen
und Fakten. Als Lehrer kann man also Lernprozesse anre-
gen, sie aber nicht selbst steuern.

Es ist wichtig, dass alles Neue irgendwo „andockt". Informationen müssen auf Anschlussstellen treffen, sonst sind sie
nicht lernbar. Das bedeutet, dass zur Aufnahme von neuem
Wissen Vorwissen aktiviert werden muss. Es gibt dabei verschiedene Gedächtnisanteile, die am besten miteinander
verknüpft werden: das deklarative Gedächtnis für Fakten,
das semantische für Bedeutungen und Vokabeln, das episo-
dische für biografisches Wissen, das prozedurale für bestimmte Fertigkeiten wie Autofahren etc. und das emotio-
nale für Gefühle.

Informationen ohne
Anschlussstellen sind
nicht lernbar

DAS GEDÄCHTNIS TRAINIEREN WIE EINEN MUSKEL

42

Jeder Mensch nimmt auf visuellem, auditivem, kommunikativem und kinästhetischem Weg Dinge wahr, und zwar in den unterschiedlichsten Situationen über diese verschiedenen Kanäle mehr oder weniger stark. Einzelne Bereiche verstärken sich im Laufe der Lernbiografie, andere werden vernachlässigt, aber es liegt nicht generell an unserem Typ, wie wir lernen. Der Grundsatz, lerntypengerecht zu arbeiten, ist nach den Ergebnissen modernster Gehirnforschung überholt, unser Denkorgan ist zu komplex, als dass es sich so einfach kategorisieren ließe.

Das Gehirn ist wie ein Muskel, der sich trainieren lässt, und zwar immer wieder neu und in verschiedenen Richtungen. Auch wenn ich mein Leben lang alles aufgeschrieben habe, um es abspeichern zu können, weil ich es eben so beigebracht bekommen habe, heißt das nicht, dass der schriftliche Weg der einzige richtige für mich ist, um effektiv zu lernen.

Fest steht, dass Bewegung – besonders beim Lernen abstrakter Inhalte wie Formeln und (Grammatik-)Regeln – eine

❯Tipp 94 – 97 wichtige Rolle spielt (Tipp 94 – 97).

AUF DEN PFÖRTNER IM KOPF REAGIEREN

43

Nicht alle Informationen werden weitergeleitet

Der Hyphothalamus ist unser Pförtner im Kopf. Er bestimmt, welche Inhalte zum Gedächtnis weitergeleitet werden und welche nicht. Wie jeder andere Pförtner auch, kann der in unserem Kopf ganz schön nervig sein: Man kommt nicht so einfach an ihm vorbei. Wenn er gelangweilt ist von den Informationen, die wir ihm anbieten, reagiert er einfach gar nicht; wenn wir ihn bedrängen und stressen ebenso wenig. Was er auch überhaupt nicht mag, ist, wenn wir uns zu kompliziert ausdrücken und er dadurch nur die Hälfte versteht. Am liebsten hat es der Pförtner, wenn Inhalte neu, aber nicht zu neu sind (Tipp 41) und wir ihm Zeit geben, sie selbst zu sortieren und weiterzugeben.

❯ Tipp 41

Im Unterricht passiert aber genau das oft nicht: Die Zeit reicht nicht, um auf jeden einzelnen Pförtner mit seinen individuellen Vorlieben und Macken einzugehen. Außerdem sind viele der Inhalte zu komplex, als dass sie in kleine Portionen aufgeteilt werden könnten.

Also geht es oft nicht ohne Hausaufgaben (Tipp 62–67). Wenn Sie aber das Lernen komplett nach außen verlagern, wo Sie es nur bedingt kontrollieren können, wird die Diskrepanz zwischen den Pförtnern und Ihnen immer größer. Besonders wichtig ist es deshalb, dass Sie ein gehirngerechtes Lernen direkt im Unterricht anbieten (Tipp 41, 42).

❯ Tipp 62–67

❯ Tipp 41, 42

MIT GEDÄCHTNISBILDERN ARBEITEN

44

Das Arbeiten mit sogenannten Eselsbrücken ist bekannt, sollte aber auch im Unterricht gezielt trainiert werden, damit die Schüler es für schwierige Wörter selbst anwenden können. Je skurriler oder witziger die Bilder sind, die man sich als Merkhilfe im Kopf bildet, desto eher prägt man sich die Wörter ein. Fangen Sie damit an, sich Wörter in den Muttersprachen der Schüler zu merken. Damit schaffen Sie es, deren Neugier zu wecken – so werden sie sich dann auch auf die Methode im Deutschen einlassen.

Je skurriler, desto einprägsamer

Ein paar Beispiele: *kaltes* heißt auf Griechisch *Strümpfe*, klingt auf Deutsch aber wie *kalt*. Also kann man sich den Merksatz bilden: *Strümpfe* trage ich, wenn mir *kalt* ist.

Eagle heißt auf Englisch *Adler*, klingt aber auf Deutsch wie Igel. Als Merksatz hilft mir Folgendes: Der Adler frisst den Igel. Wenn ich mir das nun aber noch bildlich vorstelle, hat das eine ganz andere Wirkung. Der arme Adler ... Danach werde ich das Wort sicher nie mehr vergessen und benötige keine achtzig Wiederholungen mehr, um es im Langzeitgedächtnis abzuspeichern. Dass dieser Mechanismus funktioniert, bestätigen auch neueste wissenschaftliche Forschungen.

MIT INTERFERENZFEHLERN UMGEHEN

45

Die häufigsten Fehler im DaZ-Unterricht sind sogenannte Interferenzfehler: Die Schüler übersetzen wörtlich, übertragen also Strukturen aus ihrer Muttersprache direkt auf die deutsche Sprache. Hartnäckige Interferenzfehler lassen sich am besten durch gezieltes Üben bekämpfen, indem man unter dem Satz Wort für Wort übersetzt (vgl. Birkenbihl 1998). Das hilft, die ungewohnte Satzstellung und Ausdrucksweise in der fremden Sprache zu verinnerlichen.

❯ Tipp 1   Typische Fehler seien hier kurz aufgeführt (Tipp 1).

Deklination/Artikel/Plural
Ich möchte deutsche Pass.
Meine Mutter hat polnische Auto.
Das war große Überraschung.
Er trägt täglich der Anzug und die Brille.
Natürlich gibt es viele schöne Feuerwerk.
zwei Mal in die Woche
Sie will zu alle gehen.

Konjugation
Die Reise hat in Indien angefangt.
Er möchtet für das Kleingeld danken.
Der Geschäftsmann hat der Bettler übergefahren.
Das werde mir bestimmt helfen.
Dann ich habe 15 geworden.
Wir vorbereiten uns.
Ich aufrege mich darüber.

Reflexive Verben
Er kann nicht entschuldigen.
Über wen aufregst du?

Infinitiv mit zu

Ich habe Lust, das machen.
Für mich ist besser, Bild sehen.
Jetzt versuche ich öfter auf Deutsch lesen.

Präpositionen

Im ersten Mal
Sie hat wirklich große Probleme dafür.
am Nacht
Er ist zu Hause gekommen.
Gehst du auch Fitnessstudio?

Es

Gefällt mir im Sportverein.
Wo hast du gelernt?
Sie machen alle wie sie wollen.
Aber interessiert mich.

Satzstellung

Ich kann nicht verstehen das Programm.
Der Mann hat die Leute gefragt auf die Straße.
Alle wollen sehen, wer ist gekommen.
Viel in Deutschland es gibt nicht das.

Typische Kleinigkeiten

alle/alles; alle/jeder
Alles Mädchen waren schön.
nicht/kein
Hast du Klavier nicht zu Hause?
viel/viele
Ich habe viele gesehen.
nicht/nichts
Es ist nicht.
meistens/am meisten
Es regnet am meisten.
wissen/kennen
Ich weiß Deutsch.
brauchen/müssen
Ich brauche erst mal lernen.

haben/es gibt
Diese Stadt hat viele Leute.
hierher, dorthin etc.
Ich bin hier vor zwei Jahre gekommen.
Wir wollten irgendwo das stellen.
Worte/Wörter
Sie werden die richtigen Wörter finden.
fernsehen/Fernseher/Fernsehen
Er schaut viel den Fernseher.
Zeitwörter
Ich war hier vor zwei Jahre.
schon/ noch
Sie ist schon klein.
als/wenn
Wenn ich zehn Jahre alt war ...

FEHLER SENSIBEL KORRIGIEREN

46

Aktiv mit Fehlern
umgehen

Die Wissenschaft streitet sich über die Frage, ob das Visualisieren von Fehlern sinnvoll ist oder nicht. Fehler würden sich erst recht festsetzen, wenn man sie an die Tafel schreibt, ist ein häufig angeführtes Argument, das dagegen spricht. Eine anderes ist, dass viele Schüler äußerst empfindlich darauf reagieren, wenn ihre schriftlichen Fehler vor den Mitschülern präsentiert werden. Mit Sicherheit haben beide Argumente ihre Berechtigung. Dennoch hat es sich im Unterricht bewährt, aktiv mit Fehlern umzugehen. Da es sich hierbei um ein äußerst sensibles Thema handelt, ist viel Fingerspitzengefühl seitens des Lehrers gefragt.

Gleich mal ausprobieren

Beachten Sie bei der Besprechung von Fehlern die folgenden Punkte:

Ordnen Sie Fehler, die Sie an die Tafel schreiben, nicht einer bestimmten Person zu, sondern behandeln Sie sie als Fallbeispiele.

- Machen Sie deutlich, dass es sich um fehlerhafte Sätze handelt, indem Sie sie farblich erkennbar korrigieren und die Korrektur durch Pfeile und Markierungen visualisieren.
- Versuchen Sie sich ein Bild von der Fehlertoleranz Ihrer Schüler zu machen. Stellen Sie individuell Fragen wie: Wirst du rot, wenn du Fehler machst? Denkst du lange darüber nach, bevor du etwas auf Deutsch sagst? etc.
- Schüler mit geringer Fehlertoleranz sollten Sie besonders vorsichtig behandeln. Da kann es z. B. schon helfen, nicht mit einem roten, sondern mit einem grünen Stift zu korrigieren und mündliche Fehler nur im Vier-Augen-Gespräch zu besprechen.

Den doppelten Papagei einführen

47

Viele Schüler sind bei der direkten mündlichen Korrektur nicht aufmerksam genug, um das Gesagte innerlich zu rekapitulieren und falsche und korrekte Version miteinander abzugleichen. Dies ist jedoch für den Lernprozess entscheidend. Gewöhnen Sie Ihren Schülern deshalb an, die von Ihnen gehörten, berichtigten Sätze noch einmal nachzusprechen. Hier ein Beispiel: Ein Schüler sagt: „... und dann bin ich zu Hause gegangen." Sie korrigieren: „Nach Hause." Der Schüler wiederholt: „... und dann bin ich nach Hause gegangen." Wichtig ist es dabei, diese Fehlerkorrektur konsequent einzufordern und den Schüler zu unterbrechen, wenn sie nicht erfolgt ist. Das ist am Anfang etwas unnatürlich und es hemmt zunächst den Sprachfluss, wird aber sehr schnell zur Routine.

Das Korrigierte wiederholen

Mündliche Fehler mitschreiben

Viele Kollegen sind ungesteuerte Sprechphasen ein Dorn im Auge, weil sie da nicht die Kontrolle darüber haben, ob die Schüler richtig sprechen. Sie fürchten, dass sich Fehler durch die fehlende Korrekturinstanz erst recht einschleifen.

Solche Phasen sind jedoch notwendig, damit die Schüler in einen Sprachfluss kommen. Dem Problem der fehlenden Fehlerkontrolle können Sie begegnen, indem Sie die Fehler mitschreiben. Während die Schüler in Gruppen arbeiten, können Sie herumgehen, Gesprächen lauschen und alles notieren, was Ihnen auffällt. Schreiben Sie dabei auch auf, was Ihnen positiv auffällt – also etwa Redemittel, die richtig genutzt werden. Zum einen haben Sie später konkrete Anhaltspunkte, um auch Lob auszusprechen. Zum anderen werden Ihre Schüler dann nicht gehemmt reagieren, wenn sie sehen, dass Sie den Stift zücken.

Nehmen Sie sich direkt nach der Sprechphase Zeit, um die Fehler zu thematisieren. Wenn Sie die Besprechung erst später machen, können sich die Schüler nicht mehr an das Gespräch und damit an die falsch gemachten Äußerungen erinnern. Am besten schreiben Sie dazu die Fehler Satz für Satz an die Tafel und fordern die Klasse zur gemeinsamen Korrektur auf. Neben den Fehlern sollten natürlich auch die positiven Redemittel erwähnt und angeschrieben werden.

Um die Ecke gedacht

▶ Tipp 13

Heben Sie die geschriebenen Fehlerzettel auf. So können Sie zwischendurch immer mal schauen, ob sich etwas am Sprachstand eines Schülers geändert hat oder ob er eventuell an einer Stelle nicht vorankommt. Damit schaffen Sie sich selbst einen guten Überblick darüber, welche Themen noch relevant sind und welche nicht (Tipp 13).

SOS-Tipp

▶ Tipp 84

Gibt es etwas, was die Schüler nicht selbst korrigieren können, kann dies der Ansatzpunkt für ein neues Thema, z. B. in der Grammatikvermittlung, werden (Tipp 84). Dann ist es kein den Schülern vorgegebenes, sondern aktiv entstandenes Thema. Dieses wird viel besser von ihnen aufgenommen, weil sie bereits neugierig darauf gemacht wurden.

Eine andere Möglichkeit, mit den Fehlern zu arbeiten, ist das Vieraugengespräch. Wählen Sie dazu einen Schüler aus und geben Sie dem Rest der Klasse für die Zeit des Gesprächs eine schriftliche Aufgabe. Der Schüler erzählt über ein Thema, das Sie vorgeben oder das ihn beschäftigt. Sie schreiben dabei alle Sätze, die er falsch macht, auf, aber auch Dinge, die Ihnen positiv auffallen. Danach fordern Sie ihn auf, die Sätze selbst zu korrigieren. Deuten Sie auf den entsprechenden Teil des Satzes, stellen Sie Fragen. Erklären Sie gegebenenfalls noch einmal die jeweilige Regel. Am Ende kann es ein Fazit geben, worauf sich der Schüler in den nächsten Tagen besonders konzentrieren soll.

FEHLER ERSPÜREN

49

Soll ein Schüler beim Sprechen z. B. verstärkt darauf achten, dass sein Verb im Nebensatz immer am Ende steht, und er merkt selbst, dass er es gerade wieder falsch gesprochen hat, dann ballt er einfach seine Hand zur Faust. Dieses Signal, so wird vorher ausgemacht, heißt: „Verb ans Ende". Sie können das unterstützen, indem Sie, wenn er spricht und den Fehler macht, kurz merklich die Hände zu Fäusten machen, um ein nonverbales Signal zu senden. Statt der Faust können Sie jedes beliebige andere Signal vereinbaren – wichtig ist nur, dass es nonverbal ist und somit beim Sprechen gesendet werden kann. Dieses Signal über den Körper kann viel schneller aufgenommen werden als eine Rückmeldung auf kognitiver Ebene.

PERSÖNLICHE FEHLERLISTEN FÜHREN LASSEN

50

Eine Möglichkeit, wie Sie Schüler dabei unterstützen können, an ihren individuellen Fehlerquellen zu arbeiten, bietet das Führen persönlicher Fehlerlisten. Macht ein Schüler etwa beim Anschreiben an der Tafel einen Artikelfehler, fordern Sie ihn auf, das betreffende Nomen mit korrektem Artikel in seine persönliche Artikelfehlerliste aufzunehmen. Eine solche Liste führt jeder Schüler. In Wiederholungs- oder Festigungsphasen können Sie die Fehlerlisten hervorholen lassen. Die Schüler arbeiten dann zu zweit: Jeweils einer erhält die Liste des Banknachbarn und fragt ab. Er kennzeichnet jedes erneut mit falschem Artikel genannte Nomen mit einem Strich. Nomen, die dreimal mit dem richtigen Artikel aufgesagt wurden, können aus der Liste gestrichen werden. Diese Art der Liste eignet sich ebenso für Pluralformen, Konjugationsformen (besonders der unregelmäßigen Verben), zweiteilige Verben, wo immer das „es" fehlt (z. B. „Ich mache" statt „Ich mache es") etc.

SCHRIFTLICHE FEHLER SAMMELN

51

›Tipp 47

Bei schriftlichen Fehlern müssen Sie – im Gegensatz zu mündlichen Fehlern – nicht darauf achten, dass Sie diese unmittelbar besprechen, nachdem sie geschrieben wurden (Tipp 47). Vielmehr können Sie schriftliche Fehler zunächst systematisch sammeln. Haben Sie einige Sätze gleichen Typs zusammen, können Sie diese auf ein Blatt schreiben, das Sie den Schülern mit den folgenden zwei Aufgabenstellungen austeilen:
1. Welche Fehlerart kommt in allen Sätzen vor?
2. Korrigiere die Sätze.

Die Bearbeitung erfolgt nun entweder in Gruppen oder einzeln.
Diese induktive Herangehensweise weckt die Neugier der Schüler und fordert sie dazu auf, Fehlerquellen selbst zu analysieren. Das macht sie aufnahmefähiger für die folgenden
›Tipp 67 Erklärungen zum Thema (Tipp 67).

52

Eine schöne Möglichkeit, mit Fehlern umzugehen, ist, damit zu spielen. Sie könnten z. B. einen Wettbewerb daraus zu machen: Welche Gruppe findet als erste alle Fehler und kann sie korrigieren?

Dazu sammeln Sie im Vorfeld Fehler, die Ihre Schüler in schriftlichen Arbeiten machen, und sortieren sie – wie im Beispiel unten – nach Themenfeldern. Auf einem Arbeitsblatt stellen Sie entsprechende Fehlersätze zusammen. Die Schüler arbeiten nun in Gruppen an diesem Arbeitsblatt. Innerhalb der Gruppe diskutieren sie darüber, wie die Sätze richtig lauten müssten, und korrigieren sie. Die Gruppe, die am schnellsten mit der Korrektur der Sätze fertig ist, sagt laut Stopp. Nun stellt sie ihre Korrekturen vor. Für jeden richtig formulierten Satz erhält die Gruppe einen Punkt; zusätzlich bekommt sie drei Punkte dafür, dass sie als erste fertig war. Ist ein Satz immer noch falsch, haben die anderen Grup-

Beispiel:

Deklination/Artikel/Plural	Punkte
Ich möchte deutsche Pass.	
Ich hatte einen schönen Blick auf Meer.	
Konjugation	
Wenn er etwas über diese Partei weiß, ...	
Die Reise hat in Indien angefangt.	
Präpositionen	
Im ersten Mal	
...	

pen die Möglichkeit, ihn innerhalb von 30 Sekunden richtig aufzuschreiben. Jede Gruppe, die den Satz dann richtig notiert hat, erhält einen Punkt. Gewonnen hat am Ende die Gruppe mit den meisten Punkten.

Länger am Text bleiben

53

Weniger Zusatzmaterialien nötig

Die Schüler sind immer froh, wenn sie sich durch einen langen Text durchgekämpft haben. Aber kaum ist das passiert, muss schon wieder weitergeblättert werden. Länger an Texten zu arbeiten bedeutet, dass weniger Zusatzmaterialien erforderlich sind. Das Textverständnis ist zudem eine der großen Säulen in der Sekundarstufe I und stellt gleichzeitig das größte Problem dar. Je intensiver Sie mit den Schülern an einem Text arbeiten, desto wahrscheinlicher ist es, dass er schlussendlich auch verstanden wird.

Natürlich ist es wichtig, sich einem Text vor allem inhaltlich zu nähern, ihn zu analysieren, Schlüsselwörter zu unterstreichen, Bilder und Überschriften zuzuordnen, Fragen zu beantworten, Konnektoren zu finden etc. Aber jeder Text bietet auch eine Fülle von Übungsmaterial in der Spracharbeit und lässt sich daher wunderbar binnendifferenzierend einsetzen.

Visualisierung von Wörtern trainieren

54

Wenn wir lesen lernen, müssen wir nur anfangs Buchstabe für Buchstabe aneinanderfügen. Schon bald fliegen wir über den Text und stocken nur noch bei unbekannten Wörtern wie etwa Namen. In der Fremdsprache fällt uns das deutlich schwerer. Der Grund: Wir haben die Wörter nicht visualisiert abgespeichert.

Das erklärt auch, warum für Ihre Schüler im DaZ-Unterricht das laute Vorlesen oft so ermüdend ist. Das mühsame Abscannen der einzelnen Buchstaben dauert einfach zu lange und erschwert damit auch das Textverständnis. Daher empfiehlt es sich, gezielt das Visualisieren von Wörtern zu trainieren. Dazu gibt es viele spielerische Methoden.

Gleich mal ausprobieren

- **Konfettitext:** Auf einen bekannten Text wird Konfetti gestreut. Wer schafft es, den Text mit dem meisten Konfetti immer noch zu lesen? Achtung: Diese Aktion macht viel Dreck. Als Alternative, die allerdings nicht ganz so effektiv ist, können Sie das Konfetti durch Stifte ersetzen: Wer liest den Text mit den meisten Stiften?
- **In halben Zeilen lesen:** Ein Blatt Papier wird so auf einen Text gelegt, dass immer die Unterlängen der zu lesenden Zeile abgedeckt wird. Beim Lesen wird sukzessive das abdeckende Blatt verschoben. Achtung: Es funktioniert nur mit dem Abdecken der Unterlängen, nicht der Oberlängen!
- **Balkentext:** Die Schüler arbeiten in Gruppen und erhalten jeweils einen Abschnitt des Textes. Jeder wählt ein Wort aus diesem Abschnitt, schreibt es auf und umrandet es mit einem schwarzen Stift. Danach wird die entstandene Figur ausgemalt. Die anderen erraten anhand des Textabschnittes das passende Wort. Achtung: Es gibt Wörter mit gleichen Figuren!
- **Textsurfen:** Ein Schüler beginnt, aus einem bekannten Text an irgendeiner Stelle laut vorzulesen. Wer von den anderen Schülern diese Stelle gefunden hat, steht auf und liest laut mit. Es wird so lange weitergelesen, bis alle eingesetzt haben. Dann beginnt jemand anderes. Diese Übung fördert das selektive Lesen.

TEXTE VERSCHIEDEN BELEUCHTEN

55

Damit ein Text interessant bleibt, selbst wenn die Schüler ihn bereits durchgearbeitet haben (Tipp 53), können Sie ihn von unterschiedlichen Seiten betrachten – am besten so, dass die Schüler gar nicht so genau merken, dass sie den Text eigentlich schon längst kennen.

❯ Tipp 53
Text
mehrfach
benutzen

So können mit den Wörtern neue Texte geschrieben werden.

Oder der Text kann grammatisch beleuchtet werden, und zwar nicht nur im Hinblick auf die Thematik, die gerade in der Lektion im Fokus steht, sondern an typischen Fehlerquellen orientiert. So kann der Text umgewandelt werden von der Gegenwart in die Vergangenheit, von der Ich-Perspektive in die Er- oder Sie-Perspektive oder Sie können ihn nach einem bestimmten Muster nacherzählen lassen, z.B. mit Nebensätzen: *Im Text steht, dass ...* Dann muss jeder Satz des Originaltextes entsprechend angepasst werden.

Ein Text sollte „leben dürfen", das heißt es sollte sich ausreichend lang und ausführlich mit ihm beschäftigt werden – vorausgesetzt natürlich, er verdient es. Immer nur Zweizeiler, wie in der Grundstufe beliebt, kann man nicht gerade als „Text" bezeichnen.

EINEN TEXT UNTERSCHIEDLICH VORSPRECHEN LASSEN

56

> Tipp 98
Theaterpädagogische
Methoden einsetzen

Richtig Spaß macht es, wenn Sie einen Text mit verschiedenen Emotionen vortragen lassen und die Zuhörer müssen raten, in welchen. So lässt er sich etwa beleidigt, lustig, traurig oder wütend präsentieren (Tipp 98). Auch hierbei verliert das Vorlesen seine langweilige Note und ist trotzdem überaus effektiv. Es ist auch nicht schlimm, wenn es an dieser Stelle etwas alberner zugeht, solange der Text noch erkennbar gesprochen wird.

Eine weitere Möglichkeit ist es, den Text als Mönchsgesang wiederzugeben oder ihn zu rappen. Sie können ihn auch im Tempo variieren und ihn langsam oder schnell vortragen lassen. Das alles ist natürlich auch auf der Satzebene machbar.

Um die Phonetik und insbesondere die Intonation zu trainieren, können Sie die Schüler auch Textabschnitte flüstern oder summen lassen und die anderen müssen herausfinden, welcher Teil gerade vorgelesen wurde. Am besten arbeiten die Schüler dabei partnerweise. Beim Flüstern müssen sie besonders deutlich sprechen, damit der andere sie gut versteht, und beim Summen (oder auch Brummen) kommt es vor allem auf eine einwandfreie Intonation an, damit der Partner den richtigen Teil finden kann.

57

Für immer gleich bleibende Arbeitsaufträge beim Erarbeiten von Texten hat sich der Einsatz von Symbolen bewährt. Auf diese Weise geht wenig Zeit für das Erklären verloren und die Schüler finden sich schnell alleine zurecht. Das ist ein entscheidendes Kriterium in Bezug auf die Binnendifferenzierung (Tipp 12–28).

❭ Tipp 12 – 28

Die Hand ist als „Werkzeug" dafür besonders geeignet, weil Textarbeit oft mehrere Schritte beinhaltet und einzelnen Fingern oder Fingerkombinationen ein bestimmter Aufgabentyp zugeordnet werden kann. Sie können die Fingerzeichen sowohl als Bild an die Tafel pinnen oder selbst mit Ihren Händen zeigen.

Achtung!

> Erkundigen Sie sich vorab unbedingt danach, ob die einzelnen gezeigten Finger in den Herkunftsländern Ihrer Schüler eine ungewollte Bedeutung signalisieren. Falls das so ist, können Sie z.B. die Richtung der Hand verändern oder auch ganz andere Symbole verwenden.

Statt der Hand können es auch andere Symbole sein, vielleicht sogar solche, die die Schüler selbst für eine Tätigkeit ausgesucht haben. Je mehr Affektivität auch bei den Übungsformen im Spiel ist, desto eher arbeiten die Schüler autonom (Tipp 37).

❭ Tipp 37

Haben Sie Symbole im Unterricht eingeführt, können Sie diese, sobald sie sich etabliert haben, binnendifferenzierend einsetzen. Einzelne Personen erhalten ein Zeichen, anhand dessen sie dann sofort ihren Arbeitsauftrag verstehen. Alles kann nonverbal ablaufen, es kommt also zu keiner Störung der anderen, bereits arbeitenden Schüler.

Typische Textarbeitsübungen, die immer wieder gestellt und durch Symbole gekennzeichnet werden könnten, sind z. B. folgende:

Auf der Textebene
1. Lege eine Mindmap zum Text an.
2. Finde zu jedem Abschnitt eine Überschrift.
3. Unterstreiche die Schlüssel- bzw. Signalwörter.
4. Schreibe zu jedem Abschnitt eine W-Frage.
5. Schreibe eine Zusammenfassung des Textes.

Auf der Satzebene
1. Finde Aussagen im Text mit Zahlenangaben.
2. Finde Aussagen im Text mit direkter oder indirekter Rede.
3. Finde Aussagen im Text mit Ortsangaben.
4. Finde alle Anschlussstellen und unterstreiche sie.
5. Unterstreiche alle Formen, die zu einer Präposition gehören, und kreise sie ein.

Auf der Wortebene
1. Unterstreiche alle Fremdwörter. Nimm dazu die Farbe Rot.
2. Unterstreiche alle Verben. Nimm dazu die Farbe Blau.
3. Unterstreiche alle Nomen. Nimm dazu die Farbe Gelb.
4. Unterstreiche alle Adjektive. Nimm dazu die Farbe Grün.
5. Finde die Rechtschreibfehler und korrigiere sie.

MIT TEXTDETEKTIVEN KREATIV WERDEN

58

Leseaufgaben in Lehrwerken sind oftmals ausschließlich inhaltlicher Art. Sie gestalten sich in Form globaler, selektiver oder detaillierter Fragestellungen zu einem Text. Sich dem Text aber auf rein sprachlicher Ebene zuzuwenden, ist eine Herangehensweise, die dem kommunikativen Ansatz zum Opfer gefallen ist: Der Fokus wird dabei stets auf Handlungsorientierung gerichtet. Dies ist zwar nicht grundsätzlich verkehrt. Problematisch wird es nur, wenn alles andere vernachlässigt wird.

Um eine Sprache zu lernen, muss es auch andere Übungsformen geben. „Textdetektive" ist eine spielerische Methode, um länger am Text zu bleiben und sich den Wörtern darin zu widmen. Sie ist zudem für den Lehrer unkompliziert, da kaum Vorbereitung nötig ist.

Nicht nur inhaltliche Fragen zu einem Text stellen

Der Text wird unter bestimmten Aspekten analysiert:

Finde alle Wörter, die mit „be" anfangen.
Finde alle Verben, die eine Bewegung ausdrücken.
Finde alle Präpositionen, die ein „Wo" ausdrücken.
Schreibe mit zehn Nomen aus Abschnitt 1 einen neuen Satz.
...

Sie sehen: Die Aufgabenstellungen lassen sich so flexibel gestalten, dass diese Methode immer anwendbar ist. Man darf sich (man muss sich aber nicht) inhaltlich vollkommen von dem Text lösen (Tipp 53).

❯ Tipp 53

Sie können auch die Schüler auffordern, selbst Textdetektiv-Aufgaben zu einem Text zu formulieren, diese dann in den Gruppen zu erarbeiten und im Plenum wieder zusammenzuführen.

Gleich mal ausprobieren

Vielleicht möchten Sie auch mal einen Wettbewerb daraus machen – vorausgesetzt Sie haben die Wörter vorher gezählt: Wer findet am schnellsten alle ...?

MIT TEXTSCHNIPSELN ARBEITEN

Zugegeben: Mit Textschnipseln zu arbeiten, ist immer etwas aufwendig. Erst muss man den betreffenden Text kopieren, gegebenenfalls laminieren, dann zerschneiden etc. Aber der Aufwand lohnt sich enorm. Zerschnipselte Texte lassen sich auf verschiedene Weise wunderbar einsetzen. Hier zwei Anregungen:

- **Einen Text rekonstruieren:** Beim Rekonstruieren eines Textes muss auf Anschlüsse, Kollokationen und Verweise

Auf Anschlüsse achten

geachtet werden. Diese verbindenden Elemente zu erkennen und selbst einzusetzen, fällt vielen Schülern äußerst schwer. Mithilfe der Textschnipselmethode können Sie genau diese Verbindungen deutlich machen. Werden zwei Sätze oder Abschnitte falsch gelegt, können Sie durch entsprechende präzise Fragen die Schüler zunächst einmal dazu bringen, über Verbindungsstellen in einem Text nachzudenken. Erst dann, wenn sie das in einem gedruckten Text verstanden haben, werden sie in der Lage sein, selbst einen zusammenhängenden Text zu formulieren.
- **Textabschnitte analysieren:** Verteilen Sie die Abschnitte eines Textes an die Schüler einer Gruppe. Jedes Gruppenmitglied wird dann zum Experten für einen bestimmten Abschnitt, indem er diesen sprachlich und inhaltlich be-

❯ Tipp 27

arbeitet (Tipp 27). Er überlegt sich Fragen, mit deren Hilfe er etwas darüber erfahren kann, was in vorherigem oder nachfolgendem Abschnitt steht. Im Austausch mit seiner Gruppe findet er heraus, an welcher Stelle sich sein Abschnitt in den Gesamttext einfügt. Auf diese Weise nehmen die Schüler den Text viel intensiver wahr, als wenn sie ihn „einfach lesen" würden.

TEXTE UND ROLLEN VERÄNDERN LASSEN

60

Kreatives Schreiben kann zu hervorragenden Ergebnissen führen oder zu ganz miesen. Das Entscheidende ist, dass alle Aufgaben eine Struktur haben, an der die Schüler sich entlanghangeln können. Nur dann werden auch diejenigen Gefallen daran finden, die sich selbst für unkreativ halten.

Texte kürzen als erster Schritt zum kreativen Schreiben

Texte zu kürzen kann ein erster Schritt sein. Wie weit darf ich gehen, damit ein Text immer noch ein Text ist und alle notwendigen Informationen enthält? Was kann ich weglassen, was keinesfalls? Das sollte keine Plenumsaufgabe sein, sondern in Gruppen ausprobiert werden.

Jede Gruppe erhält einen anderen Text und schreibt zunächst W-Fragen zu allen Sätzen im Text. Dann kürzt sie ihn (ohne jedoch ganze Sätze zu streichen). Anschließend werden der gekürzte Text und die Fragenliste an eine andere Gruppe weitergegeben, die dann versucht, alle Fragen zu beantworten und somit den Text zu rekonstruieren. Zum Schluss wird mit dem Originaltext verglichen.

Sie können aber auch allen Gruppen den gleichen Text geben und dazu auffordern, ganze Sätze oder nur Teile von Sätzen herauszukürzen. Wie weit geht das? Wann ist ein Satz kein Satz mehr?

Etwas schwieriger als das Kürzen ist das Erweitern von Texten. Auch das lässt sich am besten mit mehreren Schülern zusammen erarbeiten. Jede Gruppe erhält einen anderen Textabschnitt und erweitert die vorgegebenen Informationen durch Fantasieangaben. Zum Schluss werden die neuen Textteile zusammengefügt und vorgelesen. In der Regel entsteht ein lustiger neuer Text, der nicht mehr stimmig ist. Bei diesem Text kann man zusätzlich versuchen, die Abschnitte zu verbinden, die nun zusammenhanglos dastehen.

Schwieriger als Kürzen: Erweitern von Texten

Dialogtexte in Romanen können dazu genutzt werden, um die Rollen zu verändern. Dafür gibt es unzählige Beispiele im Theater: „Romeo und Julia" spielt in der heutigen Zeit, Rotkäppchen kann Taekwondo etc. Dieser Ansatz bietet eine gute Möglichkeit, um die Interessengebiete der Schüler mit klassischen Werken zu verbinden. Wie würde sich z. B. Emil aus „Emil und die Detektive" in „Star Wars" verhalten und entwickeln? Aus meiner Erfahrung heraus sind die Schüler bei Aufgaben dieser Art sehr offen und mit Engagement dabei, neue Texte zu formulieren, zu spielen und ganz nebenbei zu lernen (Tipp 55).

> **Tipp 55**

61

Diktate sind im DaZ-Unterricht sehr wichtig, bei Schülern aber oft ausgesprochen unbeliebt. Schaffen Sie etwas Abwechslung, um keine Langeweile aufkommen zu lassen! Im Folgenden finden Sie eine Übersicht an Diktatvarianten, die Sie dazu einsetzen können. Dabei ist der Begriff „Diktat" manchmal etwas weit gefasst.

- **Alles-Klein-Diktat:** Der Text wird ausgeteilt, aber komplett in Kleinschreibung. Die Schüler korrigieren ihn.
- **Bilddiktat:** Sie haben ein Bild vor sich liegen, das Sie genau beschreiben. Die Schüler malen auf, was Sie sagen. Beispiel: „Das ist ein Frühstückstisch. Es gibt vier Stühle und vier Teller direkt davor. Links neben den Tellern liegen die Gabeln, rechts die Messer ..."
- **Blitzdiktat:** Sie schreiben das neue Vokabular auf Karten. Schreiben Sie groß und deutlich, sodass alles weithin sichtbar ist. Zeigen Sie eine Wortkarte für nur wenige Sekunden. Die Schüler schreiben dann das Gelesene auf. Varianten: 1. Zeigen Sie den Schülern mehrere Kärtchen kurz hintereinander und lassen Sie die Schüler erst dann die Wörter aufschreiben; 2. Die Schüler schreiben einen Satz zur Wortkarte.

SOS-Tipp

Die Wortkarten sind vielseitig einsetzbar: zum Artikeltraining, zur Wortschatzwiederholung zu einem späteren Zeitpunkt usw. Insofern lohnt sich die Mühe, die Wörter aufzuschreiben oder sie in der Klasse bei der Wortschatzeinführung von einem Schüler mitschreiben zu lassen. Man kann sie gut in Briefumschlägen sammeln. Sinnvoll ist es, sich im Kopierraum gleich auf Vorrat eine Menge Blanko-Karten zu schneiden und diese immer dabei zu haben. So gehen auch Vokabeln nicht verloren, die nebenbei im Unterricht aufgetaucht sind.

- **Dosendiktat:** Die Schüler arbeiten paarweise. Sie lesen sich den zu bearbeitenden Text durch und merken sich den Inhalt. Nun wird die Kopie wieder eingesammelt bzw. das Buch geschlossen. Jedes Paar erhält eine Dose mit dem in Streifen zerschnittenen Text und versucht, diesen zu rekonstruieren. (Statt der Dosen können Sie auch Briefumschläge nehmen.) Dann wird der erste Streifen genau angeschaut, gelernt, in die Dose zurückgelegt und aus dem Kopf aufgeschrieben. Anschließend wird der zweite Streifen genommen usw., bis der ganze Text aufgeschrieben worden ist.
- **Frage-Antwort-Diktat:** Es werden Sätze (Antworten) diktiert, passende Fragen müssen am Ende ergänzt werden. Weisen Sie die Schüler darauf hin, vor jedem diktierten Satz eine Zeile frei zu lassen.
- **Klopf-Diktat:** Ein Text wird z. B. ohne Vollverben diktiert. Die einzusetzenden Verben werden aber vorher im Infinitiv an die Tafel geschrieben, und zwar in der einzusetzenden Reihenfolge. An der Stelle, an der Sie ein Verb beim Lesen auslassen, machen Sie ein Klopfgeräusch. Am Ende des Diktats ergänzt jeder Schüler für sich die fehlenden Verben in der richtigen Form.

  Mit Geräuschen, Bewegung, Textschnipseln arbeiten

  Varianten: 1. Sie können beliebig variieren, welche Wörter beim Diktieren weggelassen werden: Artikel, Pronomen, Präpositionen, Nomen eines bestimmten Wortschatzes usw.; 2. Sie können die Wörter auch in alphabetischer Reihenfolge an die Tafel schreiben. Dann wird es schwieriger sie einzusetzen und die Schüler müssen verstärkt auf den Sinn des Textes achten.
- **Laufdiktat:** Die Schüler arbeiten zu zweit. Je nach Anzahl der Schüler wird der Diktattext drei- bis viermal (möglichst vergrößert) im Raum aufgehängt. Ein Schüler läuft zum Text, merkt sich einen Satz und diktiert ihn dem Partner (nach der Hälfte wechseln).

  Varianten: Sie können das auch in einer Dreiergruppe machen – einer läuft, die anderen schreiben.
- **Partner-Diktat:** Die Schüler arbeiten zu zweit und erhalten jeweils die Hälfte eines Lehrbuchtextes. Schüler A dik-

tiert Schüler B seinen Textteil und umgekehrt. Dann werden die Blätter getauscht und jeder kontrolliert sich selbst

❯ Tipp 20 (Tipp 20).

❯ Tipp 56 Variante: Die Diktate werden geflüstert (Tipp 56).

▪ **Rückendiktat:** Immer zwei Schüler arbeiten zusammen. Der eine bekommt Blatt A, der andere Blatt B. Dann setzen sie sich mit dem Rücken zueinander hin. Auf beiden Blättern steht derselbe Text, aber mit unterschiedlichen Lücken. Schüler A beginnt und liest bis zu seiner ersten Lücke, die Schüler B auffüllen kann. Dann ist B mit Lesen dran usw.

Viele Verlage bieten mittlerweile CD-ROMs an, mit denen man Lückentexte erstellen kann.

Achtung: In manchen Kulturen ist darauf zu achten, dass man sich nicht berührt.

Mit Satzzeichen spielen ▪ **Satzzeichen-Diktat:** Erklären Sie zunächst (noch einmal) den Zusammenhang zwischen Intonation und Satzzeichen. Lesen Sie dann ein Diktat ganz normal vor. Nennen Sie dabei jedoch keine Satzzeichen und wiederholen Sie einzelne Sätze auch nicht. Die Schüler sollen selbst erkennen, wann Sie eine Pause machen und ob Ihre Stimme nach oben geht, nach unten geht oder gleich bleibt.

Variante: Machen Sie jeweils eine Geste für Punkt, Komma und Fragezeichen aus; benutzen Sie diese Gesten beim Diktat.

▪ **Stördiktat:** Sie markieren sich in einem Text Schlüsselwörter. Diktieren Sie ihn dann ganz normal. Die einzige Besonderheit ist, dass Sie die markierten Wörter nicht

Störgeräusche während des Diktats mit einbauen richtig sprechen, sondern dabei irgendein Störgeräusch machen, sodass man sie nicht versteht. Die Schüler arbeiten nach dem Diktat zusammen und versuchen, die Störwörter zu ergänzen. Lesen Sie das Diktat erneut, aber ohne Störung vor. Die Schüler vergleichen ihre Lösungen. Viele Schüler haben Schwierigkeiten, das Wichtigste aus Texten herauszufiltern. Mit dieser Methode kann die Unterscheidung von wichtigen und weniger wichtigen Teilen trainiert und gleichzeitig die Schreibfähigkeit verbessert werden.

- **Wegbeschreibungsdiktat:** Stellen Sie sich mit dem Gesicht zur Klasse auf. Überlegen Sie sich einen Ort, der in der Umgebung der Schule liegt und allen bekannt ist. Beschreiben Sie den Weg dorthin. Die Schüler sollen mitzeichnen. Fragen Sie, was am Zielort ist.
  Varianten: Teilen Sie Innenstadtpläne aus. Die Schüler arbeiten zu zweit. Einer markiert den Anfangspunkt, sucht sich einen beliebigen Endpunkt aus und beschreibt seinem Partner dann den Weg dorthin. Anschließend wird gewechselt.
- **Wortkettendiktat:** Teilen Sie die Klasse in vier Gruppen. Gruppe 1 schreibt alle Nomen (bis auf Orte) auf, Gruppe 2 alle Verben, Gruppe 3 alle Adjektive, Gruppe 4 alle Zahlen und Orte. Die Schüler erhalten keine Vorlage und Sie lesen den Text nur einmal vor. Anschließend werden neue Gruppen zusammengestellt, und zwar aus jeweils einer Person jeder der vorherigen vier Gruppen (Prinzip der Expertengruppen, Tipp 27). Gemeinsam wird nun der Text rekonstruiert. ❯Tipp 27
  Besonders in Klassen mit Schülern, die sich mit der Terminologie der Wortarten schwertun, ist diese Übung hilfreich. Die einzelnen Schüler sollten dann in mehreren Diktaten jeweils ein paarmal dieselbe Wortart aufschreiben, ehe sie zu einer anderen Wortart wechseln.

HAUSAUFGABEN BEWUSST WÄHLEN

62

Spätestens dann, wenn sich bei Ihnen eine Unzufriedenheit in Bezug auf den Umgang Ihrer Schüler mit den Hausaufgaben einstellt, gehört Ihre eigene Arbeit auf den Prüfstand. Wie viele Hausaufgaben gebe ich auf? Wie oft passiert es, dass Schüler sie nicht gemacht haben, und bei welchen Typen von Hausaufgaben ist das besonders häufig der Fall? Habe ich das, was die Schüler machen sollen, ausreichend erklärt? Gebe ich zu viel auf? Wofür brauchen wir die Hausaufgaben im nachfolgenden Unterricht?

Um die Ecke gedacht

Eine Geschichte dazu aus meiner Unterrichtspraxis: Meine Klasse war insgesamt sehr ehrgeizig, alle wollten wirklich lernen und waren aktiv bei der Sache. Also nahm ich diesen Ehrgeiz auf, versuchte zu fördern und zu fordern. Irgendwann im Laufe des Schuljahres hatte ich es aber wohl übertrieben, denn eine Schülerin meinte, wenn sie zu Hause alles machen würde, was ich sage, bräuchte sie am Tag vier Stunden dafür. Ich protestierte zunächst lautstark, denn ich konnte es mir einfach nicht vorstellen. Dann kam ich aber doch ins Grübeln. Diese Schülerin hatte sich wirklich alle meine Tipps zu Herzen genommen, Fehlerlisten geschrieben, die Filmsequenzen nachgesprochen, die Vokabelkarten gelernt usw., sodass es eben plötzlich nicht mehr nur mit der Erledigung von Aufgabe X im Buch auf S. Y getan war, sondern es ganz viele kleine zusätzliche Dinge gab, die sie nicht mehr schaffte zu erledigen.

Letztendlich musste ich ihr recht geben. Ich hatte zu viel gewollt und die Schüler, so motiviert sie auch waren, kamen da irgendwann nicht mehr mit. Die Konsequenz bei vielen von ihnen: Hausaufgaben vergessen, Mutter krank, keine Zeit, Buch war bei jemand anderem, abwesend im Unterricht ... die üblichen Geschichten. Nur musste ich mir dieses Mal an die eigene Nase fassen. Nach der Korrektur auf das normale Maß einer halben Stunde täglich machten plötzlich alle erneut ihre Übungen und zeigten sich auch wieder aktiver in den Stunden.

Hausaufgaben darf man nicht nur deshalb geben, weil das von einem Lehrer eben erwartet wird und schon immer so war, sondern man sollte sich immer dabei die Frage stellen:

> Tipp 83   Was bezwecke ich damit (Tipp 83)? Wichtig ist zudem, sich Folgendes klarzumachen:

Hausaufgaben ...

- sollten keine reinen Fleißarbeiten sein,
- dürfen nicht dazu dienen, all das aufzufangen, was in der Stunde nicht geschafft wurde,

- dürfen die Schüler nicht überfordern,
- sollten möglichst per Selbstkontrolle überprüfbar sein,
- müssen kontrolliert werden.

Am besten sind Hausaufgaben, die dann im Unterricht gebraucht werden. Sollen also Sätze oder Vokabeln gelernt werden, können Sie in der nächsten Stunde ein Spiel machen lassen, in dem die gelernten Sätze angewendet werden müssen. Hat jemand nicht gelernt, stockt das Spiel, alle müssen helfen, und das kostet Zeit. Wenn ein Schüler merkt, dass das Spiel bei ihm nicht vorangeht, fühlt er sich schnell unwohl. Also lernt er beim nächsten Mal besser. Die Gruppendynamik ist da ganz entscheidend.

SOS-Tipp

Wichtig ist nur, dass die Schüler bei einem Spiel nicht bloßgestellt werden: Wer nicht weiterkommt, dem wird in der Situation geholfen. Natürlich könnte man einwenden, dass negative Gefühle im Lernprozess nicht hilfreich sind. Aber wenn sie den betreffenden Schüler ankurbeln – warum denn nicht? Heutzutage ist das Auswendiglernen ziemlich aus der Mode geraten. Dies ist aber beim Erlernen einer Sprache absolut notwendig!

NUTZEN UND NICHTNUTZEN VON LÜCKENTEXTEN KENNEN

63

Schaut man sich Arbeitshefte an, finden sich darin zu neunzig Prozent Lückenübungen. Das liegt daran, dass diese schnell überprüfbar und eindeutig zu korrigieren sind. Deshalb sind sie auch bei Lehrern allgemein sehr beliebt.
Zum Testen sind Lückentexte zweifellos ein probates Mittel, zum Üben jedoch (außer bei Wortschatzübungen) völlig ungeeignet. Tatsächlich werden sie vielfach für die Anwendung von Grammatikthemen verwendet – und da sind sie im Grunde Zeitverschwendung. Denn der Schüler produziert nicht selbst, sondern muss lediglich einzelne Wörter

oder Endungen einsetzen. Ähnlich wie bei Multiple Choice kann er dabei durch Raten mit etwas Glück zur richtigen Lösung kommen.

Zweck der Hausaufgaben?

Bei der Hausaufgabenwahl ist es wichtig sich zu fragen, welchen Zweck diese erfüllen sollen. Wenn Sie auf einen Test hinarbeiten, sind Lückentexte die für Sie schnellste und auch für die Lernenden unkomplizierteste Art, den Lernstand zu überprüfen. Aber zum Memorieren und Vertiefen sollten Sie

❯ Tipp 35, 39, 40

über andere Übungsformen nachdenken (Tipp 35, 39, 40).

HAUSAUFGABEN SINNVOLL KONTROLLIEREN

64

Viele Unterrichtsstunden beginnen mit einer endlosen Kontrolle von Hausaufgaben. Aufgabe für Aufgabe wird Schüler für Schüler durchgesprochen. Dabei gibt es keine Unterscheidung zwischen Aufgaben mit Lösungsschlüssel und solchen, bei denen es um komplexere Inhalte geht. Häufig werden Hausaufgaben aber auch gar nicht kontrolliert. Beides halte ich für problematisch.

Ersteres frisst einen Großteil der Stunde und ist zudem dermaßen langweilig, dass die Schüler schlimmstenfalls gleich zu Beginn der Stunde gedanklich aus dem Unterricht aussteigen. Zweiteres provoziert, dass sie die Hausaufgaben gar nicht erst machen, weil sie wissen, dass sich sowieso niemand dafür interessiert.

Lösungsschlüssel ausgeben

Wenn es sich um eindeutig lösbare Aufgaben handelt, können Sie den Lösungsschlüssel ausgeben. Die Kontrolle kann dann partnerweise stattfinden.

SOS-Tipp

Genau zu schauen und die Fehler zu finden, ist für einige Schüler sehr schwierig. Diejenigen, die damit Probleme haben, können Sie bei der Kontrolle unterstützen.

Von den Schülern, die die Aufgaben nicht gemacht haben, sammeln Sie die Arbeitshefte vor der Vergabe des Lösungsschlüssels ein. Diesen erhalten sie erst, wenn sie die Aufgaben erledigt haben.

Eine andere empfehlenswerte Möglichkeit ist es, den Unterricht mit einer Individualphase (Tipp 17) zu beginnen und einzelne Schüler zu Experten auszubilden (Tipp 27). Diese Methode kann gelegentlich, sollte aber nicht zu oft eingesetzt werden. Gibt es z. B. eine Hausaufgabe bestehend aus den Teilen 1a, 1b und 1c, kontrollieren Sie zusammen mit zwei, drei Schülern die Aufgabe 1a. Wenn Sie merken, dass es Schwierigkeiten bei der Erarbeitung gab, können Sie die Aufgabe noch einmal erklären. Dann werden die Schüler dieser Gruppe zu Experten für die Aufgabe 1a, gehen herum, prüfen diese Aufgabe bei den anderen, korrigieren gegebenenfalls und erklären auch. In der Zwischenzeit gehen Sie mit der nächsten Gruppe die Aufgabe 1b durch usw. So wird jeder zum Experten. Dieser Teil kann auch mal bis zu zwanzig Minuten dauern, aber alle sind aktiv, und das Lernen durch Lehren ist ja zudem bekanntlich besonders effektiv.

❯ Tipp 17

❯ Tipp 27

Schüler zu Hausaufgabenexperten machen

TIPPS GEGEN UNGEMACHTE HAUSAUFGABEN

Ungemachte Hausaufgaben gehören wohl leider zum Schulalltag. Nichtsdestotrotz gibt es für Sie Möglichkeiten, sie auf ein Minimum zu reduzieren.

Wenn sich die nicht erledigten Hausaufgaben häufen, ist es unbedingt an der Zeit, sich als Lehrer selbst unter die Lupe zu nehmen: Es kann durchaus sein, dass man beispielsweise die Schüler überfordert oder die Aufgaben ungenau formuliert hat (Tipp 62). Möglich ist aber auch, dass hier eher soziale Faktoren entscheidend sind: Die betreffenden Schüler sind es nicht gewohnt, Hausaufgaben zu machen, haben zu Hause keinen vernünftigen Arbeitsplatz (Tipp 38), sind in irgendeiner Form gestresst o. Ä. Versuchen Sie, dies durch persönliche Gespräche herauszubekommen, um dann gezielt darauf einwirken zu können.

❯ Tipp 62

❯ Tipp 38

SOS-Tipp

Oft sind es unliebsame Aufgaben wie Grammatikübungen oder Vokabellernen, die „vergessen" werden. Dazu gibt es im Englischen einen schönen Ausdruck: *Don't break the chain.* Gemeint ist damit, dass man die Routine nicht durchbrechen sollte. Versuchen Sie es doch mal mit folgendem Trick. Sagen Sie den Schülern: „Überlistet euer Gehirn. Erklärt ihm, ihr werdet nur zehn Minuten lernen und keine Sekunde länger. Und danach gibt es eine Belohnung." Als Belohnung ist alles zugelassen außer Medienkonsum. (Diese Einschränkung ist wichtig, denn wenn nach dem Lernen gleich neuer Input kommt, hat das Gehirn keine Zeit, das Gelernte abzuspeichern.) Sie werden sehen: Dann klappt es meistens.

Um die Ecke gedacht

Generell hilft es, den Schülern bildlich zu erklären, was passiert, wenn sie nichts wiederholen und erst kurz vor einem Test versuchen, sich alles auf einmal einzuprägen. Ich bringe dazu einen tiefen Teller mit in den Unterricht. Dann gieße ich ein wenig Wasser hinein und balanciere den Teller durch den Raum, gehe schneller, drehe mich etc. Ich frage die Schüler, ob irgendetwas von dem Wasser verloren gegangen ist. Natürlich nicht. Dann mache ich das Gleiche mit sehr viel Wasser im Teller. Ich komme nicht weit, bis es das erste Mal überschwappt. Ich frage die Schüler, ob ich irgendeine Chance habe, dieses Wasser, das verloren gegangen ist, wieder in meinen Teller zurückzubekommen. Auch das verneinen sie natürlich. Und dann erkläre ich ihnen, dass das Wasser für das Lernen der Vokabeln steht. Wenige, aber gut gelernte und wiederholte Vokabeln kann ich wunderbar handhaben, viel auf einmal dagegen lässt sich nicht gut managen.

66

Bei den Schülern sehr beliebt in der Unterrichtspraxis sind Hausaufgabengutscheine. Jeder Schüler bekommt ein Blatt mit einer dreispaltigen Tabelle: „Datum", „erledigt", „nicht erledigt". In jeder Stunde wird eine Zeile ausgefüllt. Hat ein Schüler zehnmal hintereinander seine Hausaufgaben ordentlich gemacht, bekommt er einen Gutschein, den er irgendwann einlösen kann – wenn er mal seine Hausaufgaben vergessen hat oder keine Lust hatte, sie zu erledigen.

SOS-Tipp

Viele Kollegen schwören auf diese Methode – besonders bei jüngeren Schülern. Andere stehen ihr eher kritisch gegenüber, weil sie der Meinung sind, der zeitliche Aufwand und die Bedeutung, die dem Thema Hausaufgaben dadurch beigemessen wird, stünden in keinem Verhältnis zum feststellbaren Erfolg. Am besten probieren Sie selbst aus, ob für Sie persönlich diese Methode im Alltag eine Unterstützung bietet!

67

Hausaufgaben können auch Spaß machen. Wenn Schüler ein kniffliges Rätsel lösen sollen, ihre Verwandten irgendetwas Außergewöhnliches fragen müssen, etwas vorbereiten sollen, was zuvor im Unterricht besprochen wurde und für den nächsten Tag benötigt wird – dann sind sie in aller Regel mit Elan dabei.

In DaZ-Klassen lässt sich der interkulturelle Rahmen zur Motivation der Schüler nutzen. Die meisten Schüler möchten gerne den anderen etwas über ihre Musik, ihre Stadt, die Tiere in ihrem Land und ihr Lieblingsessen berichten. Dazu haben sie Lust, etwas vorzubereiten – und fast alles, was es über die Heimat zu berichten gibt, lässt sich hervorragend im Unterricht einsetzen. Hilfreich ist es daher, sich als Lehrer

Interkulturelles mit einbeziehen

bei jedem Thema Gedanken dazu zu machen, was die Schüler z. B. von zu Hause mitbringen könnten.

Um die Ecke gedacht

Ein Beispiel aus meiner Praxis: Wir hatten das Thema Kleidung in Verbindung mit der schwierigen Adjektivdeklination. Um den Unterricht aufzulockern, bat ich die Schüler, Kleidung mitzubringen, gerne auch traditionelle. Schon allein das Anprobieren war ein großer Spaß. Die Jungen hatten teilweise Mädchensachen an, die traditionellen Kleider wurden untereinander getauscht und es ergaben sich lustige Kombinationen. Nun wurden Paare aus je einem Model und einem Moderator gebildet. Sie schrieben sich passende Moderationstexte, die ich im Hinblick auf die Adjektivdeklination überprüfte und die sie dann zu Hause auswendig lernten. Am nächsten Tag fand die Modenschau in der Klasse statt. Wir schoben alle Tische zu einem „Laufsteg" zusammen, auf dem die Models ihre Outfits präsentierten, während ihre jeweiligen Partner das Ganze auswendig kommentierten. Die Adjektivendungen wurden dabei ganz nebenbei hervorragend eingeübt!
Natürlich ist es nicht immer möglich, so real zu üben. Aber tun Sie es, so oft es geht! Denn Kommunikation ist nichts Abstraktes. Wenn es einen Grund gibt, etwas zu sagen, macht es Sinn und Spaß, es zu tun und die notwendigen Redemittel dafür zu üben (Tipp 22).

> Tipp 22

Mit Neugier arbeiten Machen Sie sich auch die natürliche Neugier der Schüler zunutze. Wenn sie neugierig sind, sind sie motiviert. Eine Hausaufgabe kann z. B. eingebettet sein in ein größeres Ganzes, das irgendeine Faszination ausübt, spannend ist oder skurril. Der Part zu Hause ist dann ein wichtiges Puzzleteil.
Wenn Sie sich bei den Hausaufgaben also die Mühe machen zu bedenken, wie diese für die Schüler interessant sein können, ist das Thema Hausaufgaben für sie kein rotes Tuch mehr. Und dann ist es auch nicht schlimm, wenn sie zwischendurch auch mal einfach eine stinknormale Einsatzübung im Arbeitsbuch aufbekommen.

BEDEUTUNG DER PHONETIK SEHEN

68

Phonetik wird in großen Lerngruppen oft stiefmütterlich behandelt. Es ist schwierig, die gesamte Klasse einzubeziehen, die Korrektur ist mühsam und muss sehr individuell erfolgen. Die Schüler verstehen zudem manchmal gar nicht, was sie überhaupt falsch machen.

In vielen Lehrwerken ist Phonetik isoliert angegeben – und fällt damit gerne als Erstes aus dem Stundenplan. Interessanterweise zeigt sich diese stiefmütterliche Behandlung auch im Fortbildungsangebot: Es gibt nur wenige Trainings- und Methodenbücher zur Phonetik. Und das, obwohl man ohne eine gute Aussprache gar nicht oder nur schlecht verstanden wird. Grammatikfehler schränken die Verständlichkeit viel weniger ein: Ob man *„das* Haus" oder *„der* Haus" sagt, ist für die Aussage nicht relevant. Die falsche Betonung in Wörtern oder Wortzusammenstellungen hingegen sehr wohl (z.B. *Tee-nager* statt *Teen-ager*; *Sonn-engel* statt *Sonnen-gel*).

INTONATION UND WORTAKZENT ÜBEN

69

Wenn es um die Verständlichkeit gesprochener Sprache geht, ist in Bezug auf die Phonetik gar nicht so sehr die korrekte Artikulation von Lauten entscheidend. Viel wichtiger sind Intonation und Wortakzent.

Im Deutschen gibt es einen regelmäßigen, gleichbleibenden Takt, der staccato gesprochen wird (in manchen anderen Sprachen geht die Stimme wellenförmig auf und ab). Betonte und unbetonte Silben wechseln sich ab; da betonte Silben länger gesprochen werden, müssen die unbetonten miteinander verbunden werden, um den Takt zu halten. Zum Beispiel sagt man *Ich muss | nach **Hau**|se gehn.* und nicht *Ich muss | nach **Hau**|se geh|en.*

Der Akzent bei Aussagesätzen sowie in einer Nominalgruppe (z.B. *die Sekretärin der Schule*) liegt im Deutschen normalerweise auf dem letzten Wort, bei W-Fragen betont man das

Verb. Negationswörter *nicht* und *kein* sind meist unbetont, genau wie Hilfsverben. Höfliche Bitten haben eine fallende Intonation.

❯ Tipp 56 All das lässt sich sehr gut durch das Nachsprechen oder gleichzeitige Sprechen mit einer CD üben (Tipp 56). Ob es Sinn macht, die jeweiligen Regeln zu erklären, oder ob man lediglich über das Hören lernen lässt, muss im Individualfall entschieden werden. Um die Intonation von Sätzen zu üben, können Sie diesen klatschen lassen oder die Schüler müssen an der betonten Stelle aufstehen. Mit Pfeilen können Sie anzeigen, ob die Stimme nach oben oder nach unten geht.

Regeln beim Wortakzent Auch beim Wortakzent gibt es Regeln.

- Bei einfachen Wörtern wird die erste Silbe betont: *Regen*, *Arbeit*.
- Zusammengesetzte Substantive werden auf dem Bestimmungswort betont: *Taschenlampe*.
- Trennbare Verben haben den Akzent auf der Vorsilbe: *einschlafen*.
- Bei Abkürzungen ist der Akzent auf dem letzten Teil: *ZDF*, *ARD*.
- Problematisch sind Fremdwörter, aber auch da gibt es ein paar Einprägformen: Die Suffixe -ion, -tät, -ismus, -age, -ieren sind immer betont. Die Wortendungen -iv, -ik sind Aufpassstellen, hier ist die Betonung nicht immer gleich: *passiv, Archiv, Musik, Klassik*. Bei der Veränderung des Wortstamms oder der Pluralbildung kann es zu einer Akzentverschiebung kommen: *Musik – Musiker, Doktor – Doktoren*.
- Bei Wörtern auf -isch wird meist die Silbe vor dem Suffix betont: *europäisch, spanisch*, aber *ungarisch, berlinerisch*.

Um den Wortakzent zu üben, ist es sinnvoll, z. B. mehrsilbige Komposita schnell sprechen zu lassen oder die Tonsilbe hervorzuheben: die *UM-weltverschmutzung*, der *Indus-TRIE-betrieb*, in der *FREI-zeit*, in der *SCHU-le* (vgl. Hirschfeld/Reinke 2009). Sie können auch mit Rhythmusmustern arbeiten:

Tomaten	Kartof-feln	Bananen	Pralinen	Nudel-suppe
•●••	•●••	•●••	•●••	●•••
Käse-brötchen	Apfel-kuchen	Sahne-torte	Gurken-salat	Paprika-huhn
●•••	●•••	●•••	●•••	●•••
Apfel-sinen	Schoko-lade	Konfitüre	Kartoffel-brei	Kartoffel-salat
••●•	••●•	••●•	•●••	•●•••
Johannis-beeren	Vanille-pudding	Kartoffel-suppe	Gemüse-suppe	Schokola-deneis
•●•••	•●•••	•●•••	•●•••	••●••

Rhythmusmuster. Aus: Ursula Hirschfeld, Kerstin Reinke: 44 Aussprache-spiele, ISBN 978-3-12-675187-2, © Ernst Klett Sprachen GmbH, Stuttgart, 2014

Eine bewährte Phonetikübung ist das Echo-Sprechen. Die Schüler hören dazu einen Dialog zunächst auf CD und machen die typischen Hörverstehensübungen, um sich dem Inhalt zu widmen. Sobald dies abgeschlossen ist, erfolgt die Phonetikphase. Sie spielen die CD ab und die Schüler lesen ihn halblaut mit. Das Mitlesen soll aber nicht gleichzeitig mit dem Sprecher beginnen, sondern erst, wenn dieser die ersten zwei Wörter gesprochen hat. Dann entsteht eine Art Echo. Man hört den Sprecher noch (deshalb nicht zu laut lesen), man hört aber auch sich selbst. Die Wiederholung ist hier besonders entscheidend für den Erfolg. Übungen zum Rhythmus, zur Akzentuierung und Melodie sollten daher immer Vorrang vor allen anderen Phonetik-Übungen haben (Tipp 99).

Wiederholung ist auch in der Phonetik das A und O

❯ Tipp 99

Gleich mal ausprobieren

Hilfreich sind auch Flüster-, Summ- oder Brumm-Übungen (Tipp 56). Beim Flüstern müssen die Schüler, um überhaupt

❯ Tipp 56

verstanden zu werden, sehr deutlich sprechen. Beim Summen können sie sich gut auf die Wortbetonung konzentrieren.

Beispiel: Die Schüler arbeiten zu zweit. Einer summt oder brummt einen Teil eines bekannten Dialoges und der andere rät, welcher Teil gesummt wurde.

SCHWIERIGE LAUTE GEZIELT ÜBEN

70

Was tun, wenn bestimmte deutsche Laute den Schülern nicht gelingen wollen? Konkrete Tipps hierzu sind kaum zu finden. Die folgenden Ratschläge stammen aus Beratungsgesprächen mit Logopäden.

Logopädische Hilfen Bei manchen Schwierigkeiten hilft es, Hilfsmittel hinzuzunehmen (Phagophonetik, vgl. Frey 1999), z. B. mit Brot zu sprechen (deutliche Aussprache), ein Kerzenlicht zu nutzen (üben der Plosiven), die Finger an den Kehlkopf zu führen (Unterscheidung stimmhaft/stimmlos) usw.

Gleich mal ausprobieren

Die folgende Auflistung kann Ihnen helfen, Fehler zu erkennen und spezifische Korrekturhilfen zu geben:

die Vokale a, e und i
langes a: Mund ist weit offen
kurzes a: Mund ist offen und locker (wie beim Aufstoßen)
langes e: lächeln (Mundwinkel außen)
kurzes e: Mundwinkel locker lassen, wie a im Englischen
langes i: liegt über e (bei Problemen erst das h sprechen)
kurzes i: Mund ist offen und locker

die Vokale o und u
langes o: Lippen ganz rund machen und unter Spannung halten
kurzes o: Lippen rund machen, aber locker lassen
langes u: langes o und Unterkiefer nach vorn bringen
kurzes u: wie langes u, aber Unterkiefer locker lassen

die Vokale ä, ö und ü
langes ä: langes e und dabei den Mund öffnen: äh-eh-äh
kurzes ä: wie lang, nur der Unterkiefer locker
langes ö: langes e sprechen und die Lippen rund machen:
öh-eh-öh
kurzes ö: Unterkiefer locker lassen
langes ü: langes i sprechen und die Lippen rund machen:
üh-ih-üh
kurzes ü: Unterkiefer locker lassen

Doppelvokale au, äu/eu,
au: langes a und langsam zum o kommen: aa-ao-oo
äu/eu: kurzes o sprechen und dann ein kurzes i: oi-oi-noin

-ch
ach-Laut nach a, o, u und au: k sprechen und dann ein langes
u, Zunge vom Gaumen lösen, Reibegeräusch: *Kuh – Kuchen*
ich-Laut: wie langes i, das aber nicht sprechen, sondern Luft
aus dem Mund strömen lassen: ich

ng-Laut
n sprechen und den Finger auf die Zunge legen
wie beim Autorennen: nngnngnng
den Auslaut der ersten Silbe lang halten und dann gleich das
unbetonte e sprechen: bring-e

r-Laute
vokalisches r: klingt wie ein kurzes a *(er-, her-, wir, Meer)*
konsonantisches r: regional unterschiedlich gesprochen
häufige Fehler:
r wird englisch ausgesprochen; dann in Verbindung mit lan-
gem e, i und ei üben: *Reis, Risiko, reden*
keine Unterscheidung zwischen r und l: r sprechen nach sp,
st, p, k, t: *Straße, sprechen, Treppe, prima, Kraft*

j-Laut
i-a, i-a, i-a sehr schnell sprechen und dann das a weglassen

s-Laute

stimmloses s: wie der laut der Schlange; mit vielen Konsonanten üben: *Kurs, Post, Schluss*
stimmhaftes s: wie der Laut der Biene, es vibriert im Mund; in Verbindungen mit langen Vokalen üben: *Dose, Sahne, Rose*

z-Laut

beginnt immer mit einem stummen t: *Zucker, Anzug*

sch, sp und st

sch: an eine Dampflokomotive denken und ssss sprechen, dann die Lippen rund wie beim o machen, Luft herauslassen
häufige Fehler:
Wenn sch wie s gesprochen wird, sch zwischen zwei Vokalen üben *(komische Stimme)* oder im Auslaut sprechen lassen *(Frosch)*

p, t und k

p, t und k spricht man mit einem deutlichen h: ph, th, kh
Mit einem Blatt in 10 cm Abstand vor dem Mund sprechen; wenn das Blatt sich bewegt, ist der Laut richtig gesprochen worden. Beim Flüstern muss man die Laute deutlich sprechen, deshalb ist das auch eine gute Übungsmethode.

h-Laut

am Wort- und Silbenanfang: deutlicher Hauchlaut
am Wort- oder Silbenende: kein h
durch die Nase ein- und ausatmen
einen Spiegel vor dem Mund halten und beim Ausatmen anhauchen

w, v, f und pf

w: die oberen Schneidezähne berühren leicht die Unterlippe (im Gegensatz zum englischen w), Luft herauslassen, lange sprechen
f: wie w aber Luft herauspressen, mit einem Stück Papier arbeiten; wenn es sich bewegt, ist es richtig
v: stimmlos (Vogel-V): wie f, stimmhaft wie w

> pf: muss an einzelnen Wörtern geübt werden: *Apfel, Opfer, Pfeffer, Pfund, Pflanze*

71

Um Ausspracheprobleme zu lösen, müssen diese zunächst einmal erkannt sein. Hierzu hat sich folgendes Verfahren bewährt: Sie bereiten einen Satz vor, der viele phonetische Probleme, die typischerweise in Ihrer Klasse auftreten, umfasst. Dann lassen Sie jeden Schüler einzeln diesen Satz sprechen und notieren sich dabei in einer entsprechenden Übersicht, welche Laute in welcher Form Probleme bereiten.

Name:	Datum:
Phonetisches Thema	**Anmerkungen**
ch-Laut (wie z. B. in *ich*)	*spricht „sch"*
s-Laute	
h (wie z. B. in *heute*)	
Auslautverhärtung (wie z. B. in *Abend*)	
r (wie z. B. in *Regen*)	
z (wie z. B. in *zum*)	
langer Vokal (wie z. B. in *Hose*)	
ü (wie z. B. in *üben*)	

Anhand der Ergebnisse können Sie dann Phonetikgruppen nach verschiedenen Übungsschwerpunkten zusammenstellen. Haben Sie z. B. mehrere Schüler, die ein Problem mit dem ich-Laut haben (s. 1. Zeile in der Tabelle), können Sie gezielt

▶ Tipp 15, 16

nur mit ihnen diesen Laut üben. Die anderen Schüler machen in der Zwischenzeit etwas anderes (Tipp 15, 16). Wichtig ist zu vermeiden, dass Schüler einen Laut mitüben müssen, den sie selbst schon wunderbar produzieren können

▶ Tipp 43

(Tipp 43) – denn das macht wirklich keinen Spaß (und keinen Sinn).

SOS-Tipp

Es ist übrigens kein Problem, wenn einzelne Schüler in mehreren Phonetikgruppen sind, weil ihre Aussprache insgesamt schlecht ist.

Den persönlichen Zungenbrecher erarbeiten

Die Phonetikgruppen können dann ihren speziellen Zungenbrecher entwickeln – bei der ich-Laut-Gruppe sind dann entsprechend viele Wörter mit -ich und -isch enthalten.

Gleich mal ausprobieren

Ich nenne das „Den persönlichen Zahnputzsatz", den die Schüler dann immer vor dem Zähneputzen sprechen sollen. Um auf den persönlichen Zahnputzsatz zu kommen, lassen Sie die Schülergruppen zunächst alle erarbeiteten Vokabellisten durchforsten und die Wörter herausschreiben, die ihr Phonetikthema enthalten – am besten in mehreren Spalten: Wortanfang, Wortmitte, Wortende. Dann sollen sie sich ihren Satz erarbeiten. Dieser kann durchaus sinnfrei sein, aber es sollte ein gemeinsamer Satz für die gesamte Gruppe sein. Steht dieser fest, können Sie immer wieder auf ihn zurückkommen, ihn korrigieren, Hilfestellungen geben. Und die Schüler können ihn zu Hause mit der Merkhilfe „Zähne putzen" leicht verinnerlichen.

RICHTIGES HÖREN TRAINIEREN

72

Das richtige Hören ist eine wichtige Voraussetzung, um die Laute korrekt aussprechen zu können. Es bringt nichts, wenn der Lehrer einen Schüler korrigiert und auffordert, ihm nachzusprechen, wenn der Schüler selbst überhaupt keinen Unterschied hört; die Hörergebnisse müssen für die Schüler selbst kontrollierbar sein. Ein Großteil der Arbeit läuft über Minimalpaare, das heißt Paaren aus Wörtern, die sich nur in einem Laut oder Phonem unterscheiden. (Dabei muss es sich nicht um Paare im strengen Sinne handeln; es können auch drei Wörter sein.) Da es in den Lehrbüchern nur wenige spezielle Übungen zum Hörtraining gibt, empfiehlt es sich, selbst Ankreuzaufgaben zu erstellen. Die Schüler bekommen Minimalpaare zu hören und kreuzen die entsprechende Schreibung an.

Typische (teils erweiterte) Minimalpaare sind:
Unterscheidung am Wortanfang (Anlaut)
die – wie – sie der – wer/Kuchen – suchen/Pferde – Herde/ Haus – Maus – Laus/leise – Reise/legen – Regen/liegen – wiegen – siegen

Arbeit mit Minimalpaaren

Unterscheidung in der Mitte (Inlaut)
Kirche – Kirsche/Hose – Hase/Enkel – Engel/Rasen – Rosen – Riesen/Fliese – Fliege/Oper – Ober/Nagel – Nadel – Nabel/Rast – Rest/ Tür – Tor/ Pelz – Pilz

PHONETIK MIT BEWEGUNG ÜBEN

73

Bei Phonetikübungen Bewegung mit ins Spiel zu bringen, führt zu einem direkten Körpererlebnis. Wenn wir unseren Körper einsetzen, während wir sprechen, können wir einen positiven Einfluss auf die Aussprache ausüben. Ein simples Beispiel ist die entsprechende Armbewegung, wenn die Stimme nach oben oder nach unten geht. Das macht man schon automatisch.

Gleich mal ausprobieren

Um lange und kurze Vokale zu üben, können Sie Minigummiringe verteilen. Spannen Sie ein solches Gummi straff zwischen Daumen und Zeigefinger. Sprechen Sie dann im Plenum vor und begleiten Sie dies mit den entsprechenden Bewegungen der eingespannten Finger, die Schüler machen es nach: Bei langen Vokalen ziehen Sie die Finger auseinander und brauchen dementsprechend mehr Kraft, bei kurzen lassen Sie den Gummiring locker.

PHONETIK IN DEN UNTERRICHT INTEGRIEREN

74

Steigen Sie morgens gleich mit einer kleinen Stimmbildungsübung in den Unterricht ein. Das hilft, die Muskulatur zu lockern und sich auf die deutschen Laute einzustellen.

Gleich mal ausprobieren

Sprechen Sie vor, die Schüler nach.
fffffff – psssss – kscht – fffft – pffft
Hopp – Halt – Komm – Post – Kost – Pilz – Rot – Boot – Rat
Potoko – Pätäkä – Pütükü – Pötökö
Mmmammm – Mmmommm – Mmmond – Mmmmühe
Sirenenübung: wwwww – ooooo – uuuuu – iiiiiiiiii

Fügen Sie verschiedene Zungenbrecher an:
- Bürsten mit schwarzen Borsten bürsten besser als Bürsten mit blauen Borsten.
- Hinter Hansens Hasenhaus hängen hundert Hasen raus, hundert Hasen hängen raus hinter Hansens Hasenhaus.
- Zwischen zwei Zwetschgenzweigen zwitschern zwei Schwalben.

Phonetik in den Unterricht einbinden

❯ Tipp 71

Binden Sie Phonetikübungen so oft wie möglich in den Unterricht ein und bearbeiten Sie sie nicht nur isoliert (Tipp 71). Machen Sie beispielsweise bei der Pluralbildung phonetische Veränderungen bewusst: *Tag – Tage, Buch – Bü-*

cher, Uhr – Uhren. Auch die Orthografie lässt sich mit der Phonetik verbinden:

Was hörst du: „-er" wie in Lehrer oder „-e" wie in Spiele?
der Schül..., die Sprach..., das Zimm..., heut..., jeden Somm...,
die Turnhall..., die Büch...

Ähnlich wie es schon beim persönlichen Zahnputzsatz passiert (Tipp 73), kann der Wortschatz phonetisch betrachtet werden: *Bilde aus diesen Buchstaben so viele Wörter, wie du kennst: ö, ch, i, r, ü, k, ng*

❯ Tipp 73

Es gibt hervorragende Methoden, um spielerisch die Phonetik zu integrieren. So z. B. mit dem „Emotionalen Echo":

„Was machen die Leute in Hessen? – Essen, essen, essen
Was essen die Dozenten? – Enten, Enten, Enten
Was trinkt das Schwein? – Wein, Wein, Wein
Was schmeckt besser als Papier? – Bier, Bier, Bier..." (Aus: Ursula Hirschfeld, Kerstin Reinke: 44 Aussprachespiele, ISBN 978-3-12-675187-2, © Ernst Klett Sprachen GmbH, Stuttgart, 2014).

Ein Echo nach diesem Muster lässt sich dann an das Thema anpassen, das gerade im Unterricht ansteht.

Wunderbar geeignet ist auch die Verbindung zwischen Phonetik und Literatur. Da gibt es tolle Gedichte (z. B. „Das große Lalula" von C. Morgenstern oder „Ottos Mops" von E. Jandl). Sie vorzutragen, hilft auch bei der Aussprache und Intonation.

Vom freien zum gelenkten Schreiben führen

75

Schreiben ist Ziel- und Mittlerfertigkeit in einem: So ist nicht nur das Geschriebene selbst Ziel des Schreibens, sondern das Schreiben ist auch Mittel zum Zweck. Es lässt Gedanken und Gefühle vergegenständlichen: Was man zu Papier bringt, sieht man vor sich, man spürt gleichzeitig Nähe und Distanz zu den eigenen Gedanken und kann diese weiterentwickeln. Darüber hinaus gewinnt man Zeit zum Nachdenken, Abläufe verlangsamen sich (vgl. Häussermann/Piepho 1996).

Die Zielfertigkeit im Unterricht gut herauszuarbeiten, ist

manchmal gar nicht so einfach. Viele Schüler haben Schreib-

›Tipp 7

Ecriture automatique

blockaden (Tipp 7) und stieren auf das Blatt, ohne etwas Vernünftiges formulieren zu können. Um sie zu unterstützen, gibt es eine hervorragende Methode: die *Ecriture automatique.* Hierbei schreiben die Schüler zunächst einmal auf ein leeres Blatt, was immer ihnen gerade durch den Kopf geht. Das Entscheidende ist, dass sie dabei nicht stoppen dürfen. Auch wenn sie zehnmal hintereinander notieren „Ich weiß nicht, was ich schreiben soll". Irgendwann kommt doch mehr und sie geraten in den gewünschten Schreibfluss.

Indem Sie z. B. ruhige klassische Musik laufen lassen – oder auch sehr lebhafte oder traurige Musik – können Sie den Prozess unterstützen. Die Art der Musik wird sich auf das Geschriebene auswirken.

Nach einer Weile können Sie dann das eigentliche Thema nennen, ohne zu unterbrechen. Nur sollten die Schüler nun auf einem anderen Papier weiterschreiben, denn es gibt eine Regel: Das erste Blatt wird nicht gelesen und korrigiert. Es darf dort alles stehen, solange es deutsch ist. Damit ist der Übergang vom freien zum gelenkten Schreiben fließend und harmonisch.

REALE SCHREIBANLÄSSE SCHAFFEN

76

›Tipp 22

Beim Schreiben wie auch bei allen anderen Übungsaufgaben ist es sinnvoll, diese möglichst nicht „leer", sondern real zu stellen. Reale Kommunikation ist grundsätzlich motivierender (Tipp 22). Die Schüler können sich z. B. gegenseitig Karten schreiben. Das klingt zunächst altmodisch, ist aber sehr beliebt.

Gleich mal ausprobieren

Sammeln Sie Postkarten, die es in Kneipen oder bei Konzerten kostenlos zum Mitnehmen gibt, und bereiten Sie Zettel mit den Namen der Schüler vor. Legen Sie die Postkarten in der Klasse mit dem Bild nach oben auf dem Boden aus. Jeder

Schüler zieht nun einen Namenszettel. (Sollte jemand seinen eigenen Namen gezogen haben, zieht er noch einmal.) Für die jeweils gezogene Person suchen sich die Schüler nun eine Postkarte aus und schreiben darauf etwas Nettes. Dabei wird auf Anrede, Schluss und Adresse (Name des Schülers, Adresse der Schule) geachtet.

Das funktioniert auch in einer Art Brief-Roman: Die Schüler erhalten jeweils eine Karte, auf die sie frei erfundene Angaben zu einer Person eintragen. Alle Karten werden eingesammelt und wieder verteilt. Dann beginnt jeder Schüler, in der Rolle der auf seiner Karte beschriebenen Figur Briefe an andere Schüler in der Klasse zu schreiben. Die verfassten Briefe werden den Adressaten ausgehändigt. Diese schreiben wieder zurück. Ist die Aktivität beendet, können Sie die Briefe einsammeln, korrigieren und an den jeweiligen Verfasser zurückgeben.

MIT HOMONYMEN, ANTONYMEN UND SYNONYMEN ARBEITEN

77

Schon deutsche Kinder haben heutzutage zunehmend Probleme, sich differenziert auszudrücken. Das kann mitunter daher kommen, dass in den sozialen Netzwerken, in denen sie großteils kommunizieren, zu wenig Sprachvarietät vorhanden ist, sie tendenziell weniger Bücher lesen und sich auch seltener mit anderen treffen. All das führt sicherlich zu einer Verarmung ihres Wortschatzes und Ausdrucksvermögens.

DaZ-Schüler haben es also doppelt schwer: Zum einen fehlen ihnen noch Grundbegriffe der deutschen Sprache, zum anderen treffen sie auf ein Umfeld, in dem ihnen wenig Sprachvielfalt vorgelebt wird und es somit an Anreizen zum weiteren Ausdifferenzieren ihres Wortschatzes mangelt.

Sobald der Grundwortschatz aufgebaut ist, sollten Sie im Unterricht viel mit Homonymen, Antonymen und Synonymen arbeiten. Vor allem Letzteres hilft, eine abwechslungsreiche Schriftsprache zu entwickeln.

Gleich mal ausprobieren

Zur Erarbeitung von Homonymen – also Wörtern, die für verschiedene Begriffe stehen – eignen sich Witze zum Einstieg.

Ein Nichtschwimmer badet im seichten See. Plötzlich gerät er an eine tiefe Stelle und ruft um Hilfe. Ein Spaziergänger eilt herbei: „Warum schreien Sie denn so?" „Ich habe keinen Grund!", ruft der Nichtschwimmer panisch. „Wenn Sie keinen Grund haben, müssen Sie auch nicht so schreien", meint der Spaziergänger und geht davon.

Ein ausländischer Schüler fragt den Lehrer: „Ist geschlagen und geprügelt das Gleiche?" Sagt der Lehrer: „Ja." Schüler: „Warum lachen dann immer alle, wenn ich sage, es hat 12 Uhr geprügelt?"

Antonyme (Gegensatzpaare) sollten schon bei der Erarbeitung des Grundwortschatzes immer mitgelernt werden. In manchen Lehrwerken ist das so bereits vorgegeben, in anderen leider nicht.

❯ Arbeit mit dem Synonym-Wörterbuch üben

Für die Arbeit mit Synonymen (Wörtern mit gleicher Bedeutung) kann ein Synonym-Wörterbuch genutzt werden.

Gleich mal ausprobieren

Geben Sie den Schülern einen bearbeiteten Text, in dem ein Wort immer wieder auftaucht, z. B. *sehen* oder *gehen*. Die Schüler sollen dann mithilfe des Synonymwörterbuches zu zweit oder in Gruppen diskutieren, was an der jeweiligen Stelle noch passen könnte.

Manchmal sind die sogenannten Synonyme jedoch eher bedeutungsschwankend. Auch das ist für den Spracherwerb wichtig zu wissen. Dafür eignet sich die Wörtertreppe als ❯ Tipp 54 Visualisierungsmethode (Tipp 54). Alle Wörter zum Thema *gehen* beispielsweise können je nach Geschwindigkeit wie in Treppenstufen dargestellt werden.

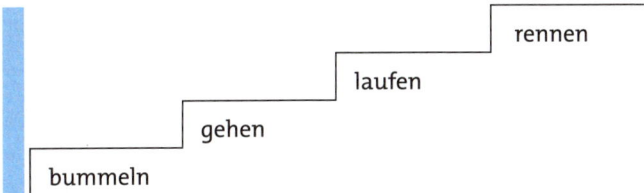

Schreiben ohne Anleitung ist oft schwer und überfordert die Schüler. Wenn Sie ihnen durch eine vorgegebene Struktur eine Hilfestellung anbieten, tun sie sich gleich viel leichter.

78

Gleich mal ausprobieren

- **ABC-Satz:** Die Schüler schreiben einen Satz, in dem jedes Wort mit dem nächstfolgenden Buchstaben beginnt. Dabei kann an einer beliebigen Stelle des Alphabets begonnen werden. Beispiel: *In jeder kleinen lustigen Mannschaft niest Otto.*
- **Akrostichon:** Schreiben Sie die Buchstaben eines Wortes untereinander an die Tafel. Bitten Sie die Schüler, passend zu den Buchstaben Assoziationen zu finden. Schreiben Sie sie neben den jeweiligen Buchstaben, ohne ihn zu wiederholen. Varianten: Diese Methode eignet sich auch als Kennenlernspiel. Die Schüler schreiben ihre Namen senkrecht auf und tragen Assoziationen zu den einzelnen Buchstaben daneben ein. (Den Schülern müssen nicht zu jedem Buchstaben etwas einfallen.)
  Das ist auch eine gute Methode für ein Brainstorming, um danach eine Geschichte, ein Gedicht oder Ähnliches zu verfassen.
- **Elfchen:** Schreiben Sie an die Tafel die Struktur eines Elfchens:
  1. Zeile: 1 Wort (Gedanke, Gegenstand, Farbe, Geruch etc.)
  2. Zeile: 2 Wörter (Was macht das Wort aus Zeile 1?)

3. Zeile: 3 Wörter (Wo und wie ist das Wort aus Zeile 1?)
4. Zeile: 4 Wörter (die eigene Meinung dazu)
5. Zeile: 1 Wort (Fazit)
Geben Sie verschiedene Nomen vor, die zu Ihrem derzeitigen Lernthema passen. Die Schüler überlegen sich dazu Elfchen. Diese Übung ist schon im Anfängerunterricht einsetzbar. Varianten: Sie teilen verschiedene Bilder aus Zeitschriften etc. aus und die Schüler versuchen, dazu Elfchen zu formulieren. Diese werden dann im Klassenraum aufgehängt. Sie können danach die Schüler bitten, sich wie in einer Ausstellung die Elfchen anzuschauen.

■ **Gesetzesvorlagen:** Schülerpaare/-gruppen schreiben entweder zu einem vorgegebenen Thema oder ganz frei Gesetzesvorlagen, die dann im Plenum vorgelesen und kommentiert werden können. Diese dürfen ruhig humorvoll und absurd sein! Beispiele: *Haare schneiden lassen ist verboten. Ab sofort ist nur noch das Rückwärtsfahren erlaubt.*

■ **Mit allen Sinnen:** Die Schüler wählen einen Begriff aus dem aktuellen Lernwortschatz aus und formulieren ein Rätsel nach folgendem Schema:
Es schmeckt nach ...
Es riecht nach ...
Es sieht aus wie ...
Es klingt wie ...
Es fühlt sich an wie ...
Was ist es ?
Die anderen raten. Diese Methode hilft besonders, sich schwierigen Wortschatz einzuprägen.

■ **Wortanfang:** Die Schüler schreiben ein Gedicht mit fünf Zeilen. Jede Zeile fängt mit dem gleichen Wort an, nur in der letzten Zeile wird etwas verändert.
Beispiel:
Deutsch
Deutsch war immer so anstrengend,
Deutsch lerne ich nie, habe ich gedacht,
Deutsch musste ich lernen von früh bis spät,
Aber jetzt kann ich es und bin glücklich.

■ **Wörterbörse:** Jeder Schüler schreibt gut leserlich sieben Wörter auf einen Zettel – entweder Wörter aus dem aktuellen Lernwortschatz oder andere, die besonders schön klingen oder originell sind. Die Zettel werden für alle zur Durchsicht ausgelegt. Nun darf sich jeder aus der Sammlung drei bis fünf Wörter aussuchen, die ihm gefallen. Die Schüler verfassen dann jeweils aus ihren ausgewählten Wörtern einen Text.

HÄUFIGE RECHTSCHREIBPROBLEME ERKENNEN

79

Um allgemein die Rechtschreibung zu üben, sind Buchstabensalate, Suchrätsel und Schlangensätze ein beliebtes und effektives Mittel. Manchmal ist es aber die Aufmerksamkeit für ein Rechtschreibphänomen, die den Schülern fehlt. Viele schreiben z. B. grundsätzlich alles klein. Es kann sein, dass Groß- und Kleinschreibung in ihrer Muttersprache keine Rolle spielt; oder es ist einfach Faulheit – in der Smartphone-Ära, in der alles zügig gehen muss, ist die Nichtbeachtung der Groß- und Kleinschreibung ja generell weit verbreitet.

Nichtbeachtung der Groß- und Kleinschreibung

Dass Deutsch eine der wenigen Sprachen ist, die sehr schnell gelesen werden können, eben weil es Großbuchstaben gibt, könnte ein Argument sein, das die Schüler überzeugt. Um ihnen die Bedeutung näherzubringen, können Sie einen Text in zwei Varianten austeilen: Zunächst lassen Sie ihn in der normalen Schreibweise lesen und stoppen die Zeit. Anschließend wiederholen Sie den Vorgang mit dem Text in Kleinschreibung (Tipp 53). Obwohl der Inhalt nun schon bekannt ist, brauchen die Schüler erfahrungsgemäß viel länger, um ihn zu lesen. Da wir viel mehr lesen als schreiben und die Groß- und Kleinschreibung uns dabei ganz offensichtlich unterstützt, werden die Schüler sie als notwendiges Übel, das es zu lernen gilt, vielleicht eher akzeptieren.

❯ Tipp 53

Aber nicht nur in Bezug auf die Schnelligkeit beim Lesen spielt die Groß- und Kleinschreibung eine wesentliche Rolle. Ob ein Wort groß oder klein geschrieben wird, kann auch die Bedeutung eines Satzes verändern. Auch das ist ein Aspekt, der den Schülern deutlich gemacht werden sollte. Schreiben

❯ Groß- und Kleinschreibung beeinflusst die Bedeutung

Sie dazu Beispiele an: *Der gefangene Floh/ Der Gefangene floh; Die Gefährliche sucht/ Die gefährliche Sucht; Sind Sie schüchtern? Werden Sie doch forscher!/Forscher!*

Neben dem Vernachlässigen der Groß- und Kleinschreibung ist die fehlende Unterscheidung der Schreibungen „ei" oder „ie" ein weiteres Phänomen, das bei DaZ-Schülern häufig beobachtet werden kann. Da hilft es, die beiden Buchstabenverbindungen mit Symbolen oder Bildern zu versehen. Dann schreibt man z. B. *ich weine* an die Tafel und überdeckt das „ei" mit dem Bild von einem Ei.

Auch geeignet für hartnäckige Fehler ist ein Spiel nach dem Prinzip von „Stadt, Land, Fluss". Als Kategorien werden hier allerdings Rechtschreibelemente verwendet. Ansonsten bleibt es bei der Suche von Wörtern zu einem bestimmten Buchstaben des Alphabets.

Beispiel: Buchstabe B

ie	ei	ah	a	ss	s	ck	k	Punkte
biegen	Bleistift	Bahn	Bart	Biss	Blase	backen	bekommen	

SPRECHHEMMUNGEN ABBAUEN

80

›Tipp 7

Struktur gegen
Sprechhemmungen

Aktives Sprechen ist eine der wichtigsten Komponenten im Sprachlernprozess. Gerade am Anfang kann es aber sein, dass die Schüler gehemmt sind und schnell ins Stocken geraten (Tipp 7). Hier können Sie mit der Vorgabe einer Struktur helfen. Manchmal ist es dabei schon ein einzelner Buchstabe, der Sicherheit geben kann.

Gleich mal ausprobieren

■ **ABC-Spiel:** Die Schüler beginnen paarweise einen spontanen Dialog zu sprechen. Bedingung: Die Anfangsbuchstaben der Beiträge folgen dem Alphabet. Beispiel:
Ah, das ist ja toll, dass wir uns hier treffen.
Bleibst du heute bis zum Ende?

Clara bestimmt das, denn ich fahre bei ihr mit.
Das ist gut, Clara bleibt immer lange.

Bandwurmgeschichten: Ein Schüler beginnt und sagt einen Satz. Ein anderer benutzt das letzte Wort und bildet einen neuen Satz usw. Beispiel: *Wir haben ein Auto. Unser Auto fährt schnell. Schnell war es auch kaputt.* (Böschel/Dusemund-Brackhahn/Finster 2011, S. 118)
Sie können das auch als Wettbewerb anbieten. Dann schreibt jede Gruppe die Sätze auf. Wer schafft die meisten Sätze eines Bandwurmes ohne Wiederholungen? Diese Methode eignet sich zur Auflockerung oder als Einstimmung zu Beginn der Stunde.

Improvisation: Die Schüler arbeiten zu zweit. Einer sagt ein Wort und der andere muss sofort ein anderes Wort nennen, das ihm dazu einfällt.

Ja, genau! Ein Schüler sagt einen Satz, z. B. *Heute ist ein furchtbares Wetter.* Der Banknachbar macht weiter und sagt: *Ja, genau, und deshalb bleibe ich heute lieber zu Hause.* So geht es dann der Reihe nach weiter. Varianten: Dieselbe Folge, aber mit Handlungssätzen, geht auch mit „Ja, und dann"
Sie können zusätzlich einen Fundus an Wörtern vorgeben, die in den Sätzen benutzt werden sollen. Nach und nach werden die benutzten Wörter durchgestrichen.
Diese Methode hilft den Schülern, fiktive Sätze zu sprechen. Das sollten sie auch sonst immer tun, um den neuen Wortschatz einzuüben und richtig anzuwenden.

Kompromisse: Sie schreiben verschiedene Situationen an die Tafel:
– sich zum Lernen verabreden und auf einen Tag einigen
– sich auf einen Kinofilm einigen
– die erste gemeinsame neue Wohnung mieten wollen
– sich für ein gemeinsames Sofa entscheiden
– ...
Die Schüler arbeiten paarweise. Jedes Paar entscheidet sich für ein Thema und beginnt den Dialog. Schüler 1 versucht die ganze Zeit, Kompromisse zu machen, Schüler zwei blockt alle Kompromisse ab.

Lexikon: Das Lexikon wird wahllos irgendwo aufgeschlagen und es wird ein Begriff gesucht, den niemand aus der Gruppe kennt. Reihum darf nun jeder seine Begriffsdefinition erfinden. Alle stimmen nacheinander ab, welche Erklärung die beste ist. Danach wird die Original-Definition verlesen.

■ **Verrückte Welt:** Die Schüler schreiben auf roten Karten Personen oder Tiere auf, wie z. B. Pferd, Minister, Friseurin etc. Auf gelben Karten werden Gegenstände notiert, die ebenfalls beliebig ausgewählt sein können oder mit dem jeweiligen Lernthema zu tun haben, wie z. B. ein paar Stiefel, eine Windmühle, ein Computer etc. Die Karten werden in zwei farbigen Stapeln auf dem Tisch abgelegt. Dann zieht ein Schüler aus der Gruppe jeweils eine rote und eine gelbe Karte und versucht, die Wörter auf den beiden Karten in einer Fragenformulierung miteinander zu verbinden. Die anderen Schüler überlegen sich eine Antwort. Beispiel: *Was macht ein Pferd mit einem Paar Schuhe? – Es geht tanzen.*

HÖRVERSTEHEN TRAINIEREN

81

Wenn jemand etwas sagt, lässt es sich danach nicht nachlesen und es wird in der Regel nicht wiederholt. Durch ungenaues Zuhören entstehen schnell Missverständnisse. Dabei geht es nicht nur um die Wörter an sich, sondern auch um die Unterschiede im Ton. Wer sie nicht erkennt, kann das Gesagte nicht richtig einordnen.

Schüler wollen alles zu hundert Prozent verstehen. Das ist aber meist weder möglich noch nötig. Denn ganz unbewusst hilft uns auch unser Weltwissen, die Aussage des Gesagten zu erfassen. Wenn man beim Bäcker ist und auf eine Frage die Antwort nicht richtig verstanden hat, kann man mitdenken: Was wird typischerweise in einer Bäckerei kommuniziert? Schließlich weiß man ja, dass es sich hier sicher nicht um Möbel oder Autos dreht. Um in Situationen wie dieser *Auf sein Weltwissen* auf sein Weltwissen zu vertrauen und damit Verständnislü- *vertrauen* cken zu schließen, braucht man Sicherheit. Die gewinnen Ihre Schüler durch gezielte Hörübungen.

Achtung!

Um sich der Bedeutung von Höraufgaben im DaZ-Unterricht bewusst zu werden, ist es wichtig zu sehen, welche Merkmale der DaZ-Unterricht gegenüber anderem Fremdsprachenunterricht hat.

Bei einer Zweitsprache ist das zu verstehende Sprachmaterial ungeordnet, das primäre Interesse gilt dem Verstehen und Sich-verständlich-Machen. Der Erwerb erfolgt primär über das Hören, bruchstückhafte Verstehen und Imitieren. Es kann sein, dass Wortgrenzen zunächst gar nicht erkannt werden. Deshalb ist es wichtig, im Unterricht nicht immer gleich mit Schrift zu beginnen. Auch beim Lernen von neuem Wortschatz sollte erst einmal alles über das Gehör erarbeitet werden.

Bei der Arbeit mit Hörtexten ist Antizipation ein wichtiges Stichwort. Interessiert den Hörer ein Thema nicht, hat er auch keine Lust, richtig hinzuhören. Deshalb ist es förderlich, vor der eigentlichen Höraufgabe ein zum Hörtextthema passendes Bild zu zeigen (etwa von einem Bahnhof, wenn das der Ort des Geschehens ist) oder Geräusche einzuspielen (beim Bahnhof etwa eine Bahnhof-Geräuschkulisse) und dann eine Hypothesen aufstellen zu lassen: Was glaubt ihr, worum geht es, wenn ihr euch das Bild anschaut / die Geräusche wahrnehmt? Haben die Schüler eine Hypothese entwickelt, sind sie neugierig auf den Text, weil sie wissen möchten, ob ihre Idee richtig ist (Tipp 22).

❱ Tipp 22

Um konzentriertes Zuhören der Schüler zu erreichen, ist es hilfreich, eine Hörabsicht zu schaffen. Die Schüler erhalten also vor dem Hören eine Fragestellung, die ihnen hilft, sich zu fokussieren. Sie können auch verschiedenen Personen unterschiedliche Höraufträge geben: Die einen sollen sich auf Orte, andere auf Zahlen, wieder andere auf handelnde Personen konzentrieren. Das ist viel förderlicher für das Textverständnis als nachträgliche Aufgaben, die oft in Form von Multiple-Choice- oder Richtig-oder-Falsch-Fragen gestellt werden.

Eine Hörabsicht schaffen

MIT VERSTEHENSINSELN ARBEITEN

82

Um Hörstrategien zu entwickeln, eignet sich die Methode der Verstehensinseln. Dafür benötigen Sie einen Hörtext, der eine Stufe schwieriger ist als das eigentliche Niveau der Schüler. Alle nehmen sich ein leeres DIN-A4-Blatt und Sie geben folgenden Arbeitsauftrag: „Ich lese nun einen Text fünfmal vor. Versucht, von Anfang an alles mitzuschreiben, was gesagt wird. An Stellen, an denen ihr nicht gleich weiterkommt, weil es zu schnell geht oder ihr es noch nicht versteht, lasst ihr eine größere Lücke. Beim zweiten, dritten ... Mal ergänzt ihr, so viel ihr könnt. Nachdem ihr den Text fünfmal gehört habt, gebt ihr euer Blatt eurem rechten Nachbarn und hört zwei weitere Male zu. Dabei versucht ihr, auf dem euch nun vorliegendem Blatt mitzuschreiben."

Anfangs werden die Schüler sagen: „Das schaffe ich nicht, das ist zu schwer." Beharren Sie aber darauf, dass sie immer weiter zuhören und mitschreiben. Es ist beeindruckend, wie groß der Verstehenszuwachs ist, je öfter man zuhört.

GRAMMATIK UNTERRICHTEN

83

Es gibt mehrere Möglichkeiten, Grammatik im Unterricht zu präsentieren. Sie können deduktiv vorgehen, das heißt Sie stellen neuen Stoff vor, geben Beispiele an und lassen dann üben. Das Problem dabei ist, dass die Phase der Bewusstmachung ermüdend ist und die Schüler sehr lange passiv sind. Der Fokus liegt hier nicht auf dem Sprechen, sondern auf der Form.

Beim induktiven (entdeckenden) Lernen hingegen treffen die Schüler in Texten auf ein grammatisches Phänomen, imitieren es danach mit einem Mustersatz, bilden Analogien und finden selbst die Regel. Erst danach üben sie. Der Vorteil ist, dass die Grammatik dadurch nicht abstrakt bleibt und der Fokus auf der Funktion der Grammatik im Kontext liegt. Und genau das ist ein wichtiges Kriterium: Eine Grammatik-

Die Regel selbst entwickeln lassen

übung sollte ihren Sitz im Leben haben, also inhaltsorientiert sein (Tipp 62). Prof. Dr. Hermann Funk (FSU Jena) nennt

❯ Tipp 62

des Weiteren folgende wesentliche Kriterien, die Grammatikübungen erfüllen sollten:

- Hilfen geben,
- alle Fertigkeiten ansprechen,
- differenzierend sein (alle tun das Gleiche, aber nicht dasselbe),
- einen inhaltlichen Anspruch (Bedeutung) haben und persönlich sein,
- ein soziales Element haben,
- ein spielerisches Element haben.[4]

Grammatik sollte kein Lernziel sein, sondern ein Lerninhalt. Sie unterstützt die Kommunikation, ist aber nicht autark. Wenn über Tagesabläufe gesprochen wird, muss zwangsläufig das Thema trennbare Verben auftauchen (aufwachen, anziehen, einkaufen, einsteigen …), aber eben nicht umgekehrt.

AUTOMATISIERUNG VOR REGELKENNTNIS STELLEN

84

Im DaZ-Unterricht ist es wichtiger, dass die Schüler richtige Sätze sprechen, als dass sie immer die theoretischen Regeln zu den grammatischen Konstruktionen kennen. Eine Hilfe zum richtigen Sprechen erhalten die Lernenden, wenn sie sich bestimmte Satzmuster als Ganzes einprägen und wissen, wie sie diese durch leichte Abwandlungen an die jeweilige Situation anpassen können. Um dies mit ihnen zu üben, können Sie die Fünf-Minuten-Drills einsetzen (Tipp 86).

❯ Tipp 86

Drills sollten zunächst mündlich und in Form von Minidialogen ablaufen, bei denen Frage und Antwort immer dasselbe Muster haben. Eine Person stellt mehrmals eine Frage, die

---

4 nach https://www.uni-jena.de/unijenamedia/Downloads/facul
   ties/phil/inst_auslgerm/Mitarbeiter/Funk/TelaVivdownload.pdf

jedes Mal leicht variiert, der Partner antwortet. Wichtig ist zu beachten, dass sich in den Fragen und Antworten immer nur ein Teil ändert. Beispiel:

Kommst du aus Italien? Nein, ich komme aus Spanien.
Kommst du aus Marokko? Ja, ich komme aus Marokko.
Kommst du aus ...? Nein, ich komme aus .../Ja, ich komme aus ... (Böschel/Giersberg/Hägi 2010, S.8)

Dabei hat nur der Fragensteller etwas Schriftliches in der Hand. Der andere antwortet rein mündlich und versucht, nicht zu lange zu überlegen. Die Antworten sollten prompt kommen. Die Rollenverteilung darf sich dabei nicht nach jeder Frage ändern, sondern eine Weile anhalten, damit beide Partner das Satzmuster verinnerlichen können.

Folgende Übungsfolge hat sich bewährt: Sie stellen die Aufgabe zuerst mündlich, ohne dass die Gruppe oder der einzelne Schüler mitlesen kann. Die Schüler reagieren, Sie geben Hilfestellungen. Da diese Übungsphase extreme Konzentration erfordert, sollte sie nicht länger als acht bis zehn Minuten dauern. Zu einem späteren Zeitpunkt des Unterrichts kann die gleiche Aufgabe dann, wie oben beschrieben, in Form von „Drills" als Partner- oder Gruppenarbeit erneut angeboten werden.

Als Hausaufgabe könnte dieser mündliche Teil dann schriftlich ausgearbeitet und am nächsten Tag kontrolliert werden.

GRAMMATIK IN GESCHICHTEN VERPACKEN

85

> Tipp 88

Grammatik ist wie Mathematik. Sie bietet eine klare Struktur und kann uns helfen, uns in einer Sprache zurechtzufinden. Oft verwirrt sie aber auch. Die vielen Begriffe, Endungen und Regeln können manchem Schüler die Freude am Deutschlernen mächtig verderben. Deshalb sollte man im Unterricht immer mehrgleisig fahren und mit verschiedenen Herangehensweisen arbeiten (Tipp 88). Eine davon kann sein, Grammatik in Geschichten zu verpacken. Dafür gibt es viele Möglichkeiten.

Gleich mal ausprobieren

Sie können z. B. Formen der n-Deklination in eine Geschichte verpacken, die die Schüler untersuchen und verändern sollen.

Prinz	Bei dem Gedanken an IHN wird mir sofort warm ums Herz. Von all den Helden meiner Träume ist er einer meiner größten Favoriten. Ich habe ihn letzte Woche am Fahrkartenautomaten in der Stadt kennengelernt. Er war nicht einer dieser Idioten, die dort abends immer herumstehen und Menschen blöd anmachen. Nein, er war wie ein Prinz, mein Prinz. Er hat mir ganz höflich weitergeholfen, als ich Chaot mal wieder alles falsch eingetippt habe. Dann sind wir ins Gespräch gekommen und haben uns sofort gut verstanden. Er hatte so einen wunderschönen Namen: ERIK. Ich glaube, er ist Däne oder Schwede, aber ich weiß es nicht so genau. Bevor wir unsere Telefonnummern austauschen konnten, kam leider sein Kollege – dieser Affe. Er hat die ganze Zeit nur davon geredet, was er alles von Beruf ist: Fotograf, Architekt, Journalist. Es fehlte nur noch Pilot oder so etwas. So ein Depp! Er wollte sich bloß interessant machen. Und dabei hatte ich doch nur Augen für Erik. Werde ich ihn wiedersehen?
Junge,Tourist, Graf, Depp	
Pole, Russe	
Nachbar, Elefant Bauer, Polizist, Idiot	

Aufgaben:
1. Was haben die unterstrichenen Nomen gemeinsam? Diskutiert zu zweit.
2. Findet Beispiele im Text:
- männliche Nomen auf -ist
- männliche Nomen auf -e
- männliche Nomen auf -ant, -ent
- männliche Nomen auf -oge, -ege
- männliche Nomen auf -at,-ad
→ Ausnahmen: Architekt (+ en), Bauer (+ n), Herz (des Herzens; Achtung: kein männl. Nomen!), Herr (+ n), Nachbar (+ n)
3. Variiert den Text mit den Nomen auf der linken Seite.

Beispiel: Übung der n-Deklination mithilfe einer Geschichte

LERNEN IN CHUNKS UNTERSTÜTZEN

86

Chunks – also feste Redeformen – sind besonders im Anfängerunterricht sehr sinnvoll. Ohne erst alle grammatischen Regeln kennen zu müssen, kann ein Schüler mithilfe dieser Chunks trotzdem schon korrekt sprechen.
Das ist wie beim Spracherwerb in der Muttersprache: Man lernt sprechen und erst hinterher in der Schule die passenden Regeln dazu. Beim Lernen einer Fremdsprache ist es

normalerweise genau umgekehrt: Man lernt die Regeln, bekommt die Zeit, sie zu verinnerlichen, und wendet sie erst danach an.

Deutsch als Zweitsprache ist in dieser Hinsicht eine Besonderheit, weil das Lernen auf beiden Ebenen gleichzeitig abläuft: Zum einen lernen die Schüler im Unterricht systematisch die Sprache mit ihren grammatischen Formen, zum anderen müssen sie aber im Alltag Dinge erledigen, die sprachlich ganz anderes von ihnen erfordern. Bestimmte grammatische Phänomene sind im täglichen Sprachgebrauch so frequent, dass man nicht darauf warten kann, bis sie Thema im Unterricht sind.

Regeln und unbewusstes Lernen laufen gleichermaßen ab

Gleich mal ausprobieren

Zu den Antworten auf Fragen mit *Wann?* und *Wo?* können Sie z. B. mit wachsenden Plakaten arbeiten, die dauerhaft im Klassenraum hängen. So können Sie immer wieder darauf zurückkommen.

Wann?	Wo?
nach zwei Jahren	in der Stadt
vor einem Monat	auf der Party
in einer Stunde	beim Arzt
am Montag	auf dem Arbeitsamt
...	...

Die Formen werden ungefiltert gelernt, es erfolgt keine Überlegung, welcher Artikel gebraucht wird, welcher Fall das ist und welche Endung dorthin gehört (Tipp 84).

❯ Tipp 84

Die Arbeit mit Chunks ist auch die sinnvollste Form für Schüler mit wenig bzw. keiner Schulbildung. Sie wären mit dem logischen Grammatikstrukturen völlig überfordert, können aber mithilfe von Chunks trotzdem einwandfrei sprechen. Chunks sollten im Unterricht spielerisch geübt werden. Dazu eignen sich Ball-, Brett- und Merkspiele.

Artikel sind ein großes Grammatikproblem. Wie die Plural-Formen (und bei den Verben die Partizip-II-Formen) sollten sie bei jedem neu eingeführten Nomen mitgelernt werden.

Gleich mal ausprobieren

Wählen Sie eine Form aus, mit der Sie neue Nomen an die Tafel schreiben. Das könnten verschiedene Farben sein, z. B. Rot für *der*, Blau für *die* und Grün für *das*, oder auch Symbole: ein Kreis für *der* (der Kreis), eine Raute für *die* (die Raute) und ein Dreieck für *das* (das Dreieck).

Hilfreich zum Lernen der Artikel sind Fehlerlisten (Tipp 50). ❯ Tipp 50
Sie können aber auch mit den Listen der häufigsten Nomen arbeiten (Tipp 36), diese dann nach *der, die* und *das* sortieren, ❯ Tipp 36 in „Zehnerportionen" einteilen und Artikelgeschichten zu jeweils einer der Gruppen formulieren. Beispiel: Artikel: „der"

1. Sport	5. Trend	9. Schritt
2. Kampf	6. Ball	10. Punkt
3. Sieg	7. Titel	
4. Spaß	8. Beginn	

Fußball ist mein Lieblingssport. Er ist immer noch voll im Trend, wahrscheinlich weil er so viel Spaß macht. Wenn der Kampf um den Titel losgeht, bin ich besonders zu Beginn sehr aufgeregt. Jeder Punkt ist super spannend. Der Sieg ist für mich sehr wichtig.

Erstellen Sie dann eine bebilderte Version des Textes, die Sie den Schülern vorlegen. „Bild" kann auch bedeuten, dass ein besonderer Schriftzug gewählt wird. Das hilft ebenfalls beim Einprägen. Sie können wie im gegebenen Beispiel die Wörter durch Bilder ersetzen oder die Bilder als zusätzliche Merkhilfe hinter das Wort setzen.

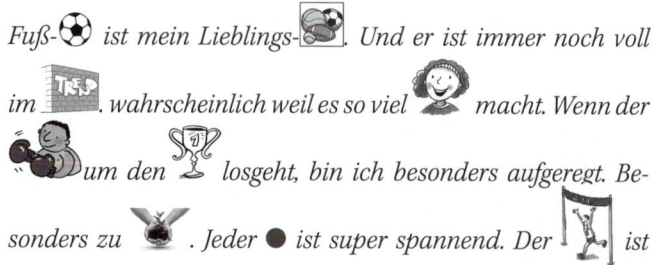

Fuß-⚽ ist mein Lieblings-🏐. Und er ist immer noch voll im 🧱. wahrscheinlich weil es so viel 😊 macht. Wenn der 🥊um den 🏆 losgeht, bin ich besonders aufgeregt. Besonders zu 🥇. Jeder ● ist super spannend. Der 🏆 ist für mich sehr wichtig.

Was zusätzlich gut funktioniert, ist, Nomen nach den „Zehnerportionen" abspeichern zu lassen. Da es sehr viele dieser „Portionen" gibt, können Sie dabei gleich noch ein anderes wichtiges Thema behandeln: die Lernstrategien. Jedes Mal, wenn eine neue Nomengruppe dran ist, wird sie mithilfe einer anderen Strategie eingeübt. Hier ein paar Möglichkeiten:

Artikeltraining mit Lernstrategietraining verbinden

- **Mit Bewegung:** Jedes Nomen wird mit einer Bewegung verbunden. Das muss dabei nicht unbedingt inhaltlich passen. Wenn jedem Nomen eine Bewegung zugeordnet wurde, können Sie entweder nur die Bewegungen machen und die Schüler nennen die Nomen bzw. umgekehrt oder jemand aus der Klasse versucht, sich ohne abzulesen an alle Nomen/Bewegungen zu erinnern, und die anderen raten. Wichtig ist natürlich, dass dabei immer der Artikel mitgenannt wird.
- **Mit Geräuschen:** Statt der Bewegung werden Klopf-, Klatsch- oder sonstige Geräusche gemacht.
- **Als Bild:** Alle Nomen werden bildlich dargestellt und in einer Zeichnung untergebracht. Wer nicht so gut zeichnen kann, probiert es mit Kreisen, Markierungen, Strichmännchen etc.

❯ Tipp 85
- **In einer Geschichte (Tipp 85):** Die von Ihnen vorgegebene Wörterliste dient als Vorlage und die Schüler können nun selbst überlegen (gerne auch zu zweit), wie sie die Wörter am besten in Verbindung bringen.
- **Mit Adjektiven:** Ein passendes Adjektiv wird davorgesetzt.
- **Mit Orten:** Die Nomen werden an einem Ort im Klassen-

raum aufgehängt (passend zum Artikel: also *das Fenster* für *das*-Gruppen, *der Schrank* für *der*-Gruppen und *die Tafel* für *die*-Gruppen). Am nächsten Morgen hängen Sie die Zettel ab. Danach versuchen die Schüler, sich an die Wörter zu erinnern. Die nicht Genannten werden gegebenenfalls wieder aufgehängt.

Haben Sie eine Weile verschiedene Strategien anwenden lassen, stellen die Schüler selbst fest, was ihnen beim Lernen hilft. Dann können sie die jeweilige Strategie eigenständig anwenden. Durch das intensive und ritualisierte Arbeiten verringern sich die Artikelfehler deutlich.

SATZSTELLUNG KREATIV EINÜBEN

88

Es gibt Schüler, die in ihren Heimatländern wenig Bildung erfahren haben oder deren Muttersprache so grundlegend anders aufgebaut ist als Deutsch, dass es ihnen sehr schwerfällt, insbesondere den deutschen Satzbau zu verstehen. Bei solchen Schülern bringt es nicht viel, mit grammatischen Begriffen zu arbeiten.

Ein wunderbares Konzept, auf dessen Grundidee aufbauend es mittlerweile zahlreiche verschiedene Varianten gibt, ist *Grammatik sehen* (vgl. Damm/Brinitzer 1999). Man versucht, die Grammatik wirklich sichtbar zu machen, indem man einen Satz in seine Bestandteile aufteilt (je nachdem in Wort- oder Satzgliedeinheiten) und diese auf Karten schreibt, mit denen dann die Sätze zusammengebaut werden. So können Sie beispielsweise mehrere Schüler mit Karten nach vorn bitten und die anderen dirigieren sie so, dass mit ihrer Aufstellung ein korrekter Satz entsteht.

„Grammatik sehen" – für Schüler mit wenig Vorbildung sinnvoll

SOS-Tipp

Es müssen nicht ständig neue Karten geschrieben werden. Sie können die alten immer wieder benutzen und neue hinzufügen.

Um schwierige Themen wie die Verbstellung an zweiter Stelle eines Aussagesatzes deutlich zu machen, können Sie die Person, die das Verb trägt, zusätzlich auf einen Stuhl steigen lassen. Sie bewegt sich nicht mehr vom Fleck, steht da wie der Fels in der Brandung. Nur die anderen dürfen sich bewegen. Dadurch erkennen die Schüler, wie wichtig die Verbstellung im Deutschen ist.

Kompliziert ist es auch für die Schüler zu erkennen, wo ein Satzglied anfängt und wo es aufhört, wie z. B. bei *der vor sich hin dösende Schüler*. Die verschiedenen Stellungsmöglichkeiten für einen Satz mit diesem Satzglied im Nominativ können durchprobiert werden. Dazu müssen sich sechs Schüler zusammenschließen und je nach Aufforderung um das Verb formieren. Damit das gut klappt, können sie sich einhaken. Das ist sehr hilfreich für das Grammatikverständnis.

❯ Tipp 89 Bei trennbaren Verben können Sie die beiden betreffenden Personen sich gegenseitig rufen und hochspringen lassen, um zu zeigen, dass sie zusammengehören. Wenn sie im Partizip II dann vereint sind, dürfen sie sich einhaken (Tipp 89). Bei einer weiteren Variante benötigt man verschiedene Karten in unterschiedlichen Formen, z. B. ein Dreieck für *Wer?*, ein Oval für *... macht was?* und ein Rechteck für *Wo?*. Jeder Schüler bekommt eine Karte jeder Sorte und den Arbeitsauftrag, diese mit möglichen Antworten zu beschriften. Die Schüler dürfen dabei auch gerne ungewöhnliche Personen, Tiere oder Orte nennen. Wichtig ist, dass sie lesbar schreiben und sich an die Kategorien halten. In der zweiten Runde wird nun ein Schüler aufgefordert, mit seiner *Wer?*-Karte nach vorn zu kommen und sich aufzustellen. Irgendjemand kann sich dann mit seiner Verbkarte dazustellen und zum Schluss kommt wieder jemand mit seiner *Wo?*-Karte. Daraus ergeben sich lustige Sätze. Das ist beliebig erweiterbar durch *Wann?-*, *Was?-* oder *Mit-wem?*-Karten. Dadurch lernen die Schüler Stück für Stück die Satzstellung.

Sie können das Ganze auch noch spielerischer angehen, indem Sie es mit Musik verbinden und einen kleinen Wettbewerb veranstalten.

Gleich mal ausprobieren

Es werden so viele Karten verteilt, wie es Schüler gibt. Dabei achten Sie darauf, dass es von jeder Sorte nicht zu viele im Raum gibt. Jeder zieht eine Karte, dann starten Sie die Musik. Wenn Sie sie stoppen, versuchen die Schüler, sich so schnell wie möglich zu einem passenden Satz zusammenzustellen. Jeder Schüler innerhalb eines korrekten Satzes bekommt einen Punkt. Gewonnen hat am Ende der Schüler mit den meisten Punkten.

PARTIZIP II KREATIV ÜBEN

89

> Tipp 2

Die Perfektbildung ist ein besonders schwieriges Thema (Tipp 2). Das liegt daran, dass es extrem viele Ausnahmen zur regelhaften Bildung des Partizips II gibt.

Theoretisch können Sie das Thema Perfekt ganz leicht starten mit Verben, die mit „ge" anfangen und auf „t" enden. Dann denken die Schüler: Gar kein Problem! Wenn Sie dann aber jede Stunde neue Formen einführen, wird es problematisch. Deshalb ist es besser, sich auf die frequentesten Verben zu konzentrieren (die ohnehin meist unregelmäßig sind), diese farblich an der Problemstelle zu markieren und die Regeln erst einmal außen vor zu lassen. Die Partizip-II-Form wird dann bei jedem neu eingeführten Verb automatisch mit angegeben und gelernt.

Mit etwas Fantasie können Sie die ungeliebten Partizipien aber auch auf eine andere Art üben lassen. Wunderbar ist es, wenn auch Grammatik zu etwas Schönem zusammenwächst. Und was eignet sich dafür besser als die Arbeit mit Gedichten?

Fordern Sie die Schüler – evtl. zu einem vorgegebenen Thema – auf, ein Gedicht ausschließlich aus Partizipien zu schreiben. Die Hilfsverben bleiben dabei außen vor. Die Schüler können ihre Gedichte auswendig lernen, vortragen und dadurch die Partizipien auf kreative Weise verinnerlichen.

Ein Sonntag	Ein Leben
aufgewacht, gelegen, gelesen, aufgestanden, angezogen, gejoggt, geduscht, gesungen, gekämmt, gefrühstückt, telefoniert, verabredet, geputzt, gekocht, gegessen, gefahren, angekommen, begrüßt, gespielt, gelacht, geredet, gefahren, angekommen, gegessen, ferngesehen, gelangweilt, geschlafen, gewaschen, geschlafen, geschnarcht	geboren, geschrien, gespielt, gewachsen, gelernt, geplant, gearbeitet, gegeben, gelacht, geheiratet, gestritten, geschieden, gereist, geatmet, gelebt

Beispiele für Gedichte aus Partizipien, aus: Böschel/Giersberg/Hägi 2010, S. 22

GRAMMATIK SPIELERISCH ERARBEITEN

90

Spiele sind ein hervorragendes Mittel, um zu lernen, ohne es zu merken – vorausgesetzt, es gibt neben dem Spielziel auch ein Lernziel. Die einzelnen Schüler haben einen hohen Redeanteil und durch die Wiederholungen stellt sich besonders bei Grammatikspielen oft ein Aha-Effekt ein.

Einfache Brettspiele sind leicht herstellbar und wunderbar geeignet für viele Grammatikphänomene. Man braucht im Grunde nur eine Vorlage, die man für die verschiedenen Themen benutzen kann. Rechts sehen Sie ein Beispiel für ein solches Brettspiel zum Thema Konjugation der Verben, bei dem die Schüler gleichzeitig häufig verwendete Adverbien üben. Gespielt wird ganz simpel mit Würfel und Spielfiguren. Bei jedem Spielzug wird das entsprechende Verb in der angegebenen Person konjugiert und mit einem der angebotenen Adverbien kombiniert: *Du kochst oft./Ich singe nicht gerne./...*

Auch Zuordnungs- und Kartenspiele sind hervorragend geeignet, weil die Inhalte beliebig verändert werden können und die Schüler die Regeln nicht jedes Mal neu lernen müssen.

spielen (Sie)	malen (ich)	singen (du)	joggen (er)	kochen (sie)
fotografieren (du)				schwimmen (sie)
schwimmen (er)				kochen (ich)
fotografieren (ich)		gerne / viel / oft / manchmal		joggen (ich)
kochen (du)		nicht gerne / nicht viel / nicht oft / ~~nicht manchmal~~ nie		spielen (du)
malen (du)		Konjugation:		fotografieren (er)
singen (ich)		ich sing – e / du sing – st / er/sie sing – t / Sie sing – en		malen (sie)
joggen (ich)	Ich jogge viel.			singen (Sie)
kochen (Sie)		Er singt oft.		schwimmen (ich)
fotografieren (du)	spielen (ich)	singen (er)	kochen (du)	Start/Ende

Beispiel: Spielbrett zur Übung der Verbkonjugation und bestimmter Adverbien

KARTEN LEGEN

Mit Wortkarten Grammatik üben

> Tipp 36

91

Mit einem Set aus Wortkarten können Sie eine unendlich große Vielfalt an Übungen durchführen. Greifen Sie hierfür auf die Liste der hundert frequentesten Verben, Nomen und Adjektive zurück (Tipp 36). Nehmen Sie von den Verben die ersten fünfzehn, von den anderen die ersten zwanzig. Bei den Nomenkarten können auch die Pronomen ich, du, er/sie/es und wir hinzugefügt werden. Schreiben Sie dann die Wörter je nach Wortart auf verschiedenfarbige Karten. Bei den schwachen Verben schreiben Sie nur den Wortstamm auf, bei den starken Verben die vollständige Form in der 1./3. Person Singular. Zusätzlich nehmen Sie noch weitere Kategorien mit auf, z. B.

- blau: Endungen (-t, -e, -en, -s)
- rot: Artikel und Possesivartikel
- orange: Satzzeichen
- grün: Konjunktionen + Fragewörter

Gleich mal ausprobieren

Die Karten sind so vielseitig einsetzbar, dass sich der Aufwand lohnt, sie auch zu laminieren. Hier zwei Einsatzbeispiele:

- **Artikeltraining:** Zum Üben der Artikel können die Nomen- und Artikelkarten verdeckt an alle verteilt werden. Jeder Spieler sortiert seine Karten nach Farbe in zwei verdeckten Stapeln. Der erste Spieler deckt von seinen Stapeln jeweils eine Karte auf. Ergibt sich ein passendes Paar, darf er weiterspielen und die Karten in der Mitte lassen. Ansonsten muss er beides zurücknehmen und der nächste Spieler ist an der Reihe.

- **Alle spielen zusammen Poker:** Alle Wortkartenstapel werden verdeckt auf dem Tisch verteilt. Ziel ist es, so lange Sätze wie möglich zu bauen. Der erste Spieler zieht eine Karte – sinnvollerweise eine, die im deutschen Satzbau wichtig ist (z. B. ein Verb). Diese legt er sichtbar aus. Dann ist der nächste Spieler im Uhrzeigersinn dran und legt eine weitere Karte seiner Wahl. Maximal drei Satzanfänge sind möglich. Glaubt ein Spieler, einen Satz beenden zu können, zieht er eine der Satzzeichenkarten oder entscheidet sich bewusst dagegen, um den Satz zu verlängern in der Hoffnung, dass er noch einmal die ganze Runde liegen bleibt. Je länger ein Satz wird, desto mehr Punkte bekommt die Person, die den Satz abschließt. Eine genaue Punkteverteilung sollten Sie in den Regelkatalog zusammen mit den Farberklärungen aufnehmen. Die Schüler üben so spielerisch die Satzstellung und lernen gleichzeitig, sich differenzierter auszudrücken.

Für eine schnelle Rückmeldung, ob die Schüler ein bestimmtes Thema verstanden haben, teilen Sie jedem Schüler eine rote, eine gelbe und eine grüne Karte aus, die nun immer in den Unterricht mitgebracht werden sollen. Jedes Mal, wenn Sie ein Thema abgeschlossen haben, bitten Sie die Schüler um Rückmeldung mithilfe der Karten:

- Grün = Alles ist klar, der Unterricht kann weitergehen.
- Gelb = Ich verstehe nicht alles und habe ein paar Fragen.
- Rot = Ich komme nicht mehr mit.

Eine solche Abfrage kann auch zwischendurch spontan erfolgen. Werden vereinzelt gelbe Karten aufgezeigt, schreiben Sie sich die Namen der Schüler auf und sprechen sie zu einem späteren Zeitpunkt individuell an. Haben Sie überwiegend rote Karten, wissen Sie, dass Sie das Thema wiederholen müssen.

SOS-Tipp

Die Schüler haben am Anfang immer das Gefühl, dass sie nichts verstehen, und zeigen schnell die rote Karte (Tipp 29). Die Aufzeig-Methode hilft ihnen, ihren eigenen Lernfortschritt mit der Zeit besser einzuschätzen. Das ist insbesondere für Grammatikthemen sinnvoll.

❯ Tipp 29

Die Ampel können Sie auch für andere Abfragen etablieren, z. B. wie den Schülern eine bestimmte Methode gefällt. Dann sind die Kategorien folgende:

- Grün = Gefällt mir super.
- Gelb = Damit kann ich arbeiten, ist aber nicht mein Favorit.
- Rot = Damit kann ich gar nichts anfangen.

93

Reiz-faktoren bewusst einsetzen

Mit Lernmethoden, bei denen mit äußeren Reizfaktoren ge-arbeitet wird, erreicht man eine höhere Konzentration. Ein solcher äußerer Reizfaktor kann beispielsweise das Fangen und Werfen eines Balls während des Sprechens sein. Nun könnte man ja meinen, dass man abgelenkt sei, wenn man neben dem Sprechen noch einen Ball fangen und werfen soll. Und in gewisser Weise ist das natürlich auch so. Man muss sich deshalb automatisch stärker fokussieren, um beides gut zu bewältigen.

Gleich mal ausprobieren

Farbzeiten: Es gibt verschiedene Farbkarten, z. B. blau = Per-fekt, gelb = Präsens, rot = Präteritum etc. Die Schüler arbeiten zu zweit. Einer hat die Karten, der andere spricht. Nach einer Weile wird gewechselt.

Der Sprecher beginnt zu reden, je nachdem, was für ein Thema ihm vorgegeben wurde (z. B. *Mein Wochenende*). Wenn der andere Schüler eine bestimmte Farbe zeigt, sollte der letzte gesprochene Satz normal beendet werden und der nachfolgende entsprechend der gezeigten Form. Nach einer Weile wird wieder die Farbe gewechselt. Das kann auch sehr schnell erfolgen.

Störball (vgl. Böschel 2015): Ein Schüler wird aufgefordert, zu einem Thema zu sprechen. Sie werfen ihm zwischendurch einen Ball zu, der ihn nicht in ihrem Redefluss beeinträch-tigen darf. Der Ball soll einfach nur nebenbei gefangen und zurückgeworfen werden. Das klingt einfacher, als es ist! Es ist wichtig, dass Sie immer versuchen, Augenkontakt mit dem Fänger aufzunehmen, damit der Ball nicht unerwartet kommt (Tipp 97).

❯ Tipp 97

94

Fordern wir unser Gehirn zu neuen Bewegungsmustern heraus, indem wir z. B. ein Instrument erlernen, wird dabei zwar viel Energie verbraucht, aber es hilft dem Gehirn, neue Synapsenverbindungen aufzubauen. Und diese benötigen wir, um lebenslang aktiv zu bleiben und unsere Gedächtnisleistung zu erhalten und ggf. auch zu erhöhen.

Durch Bewegung erhöht sich die Gedächtnisleistung und Konzentration (Tipp 6). Man kann schneller von einer zu einer anderen Aufgabe wechseln. Auch die Sauerstoff- und Zuckerversorgung verbessert sich und das bereits nach minimalen Bewegungseinheiten.

❯ Tipp 6

Durch Bewegung fühlen wir uns auch wacher, denn das Gehirn erhält Sinnesreize über das Gleichgewichtsorgan. In welcher Lage befindet sich der Körper gerade? Wie aufnahmefähig muss er sein? Gleichzeitig erhöht sich die Durchblutung, und damit steigen auch das Wohlbefinden und die Motivation. Man hat einfach bessere Laune, wenn man etwas in Bewegung lernt.

Kinder haben einen natürlichen Bewegungsdrang. Nach Bewegungseinheiten im Unterricht stören sie viel weniger und passen besser auf. Dadurch können sie auch mehr Informationen aufnehmen und abrufen.

Bewegung gegen Stress einsetzen

95

Was Informationen einfach nicht in unser Gedächntnis weiterleiten lässt, ist Stress. Der Pförtner im Kopf (Tipp 41) lässt sie dann quasi vor der Tür stehen. Für eine entspannte Atmosphäre im Unterricht zu sorgen, ist also von nicht zu unterschätzender Bedeutung für den Lernerfolg. Sowohl vorbeugend als auch zum Abbau bereits bestehender Anspannungen hilft körperliche Aktivität!

❯ Tipp 41

SOS-Tipp

> Viele Flüchtlinge, die in unseren DaZ-Klassen sitzen, sind derart traumatisiert, dass sie dem Unterricht nur mit Mühe folgen können. Werden zwischendurch Ball- oder Koordinationsspiele eingeschoben, werden sie nicht nur von ihren Problemen abgelenkt, sondern sie lernen erfahrungsgemäß auch deutlich entspannter.

KLEINE BEWEGUNGSINSELN EINBAUEN

96

Wussten Sie, dass das Gehirn am besten bei einem Puls von hundert arbeitet? Die Konsequenz daraus kann und muss aber nicht sein, dass der Deutschunterricht nun im Gymnastikraum stattfinden sollte, denn es gibt noch einen anderen interessanten Fakt: Der Puls sollte wellenförmig ansteigen und abfallen (vgl. März/Straußberger 2010). Es reicht also, im Unterricht kleine Bewegungseinheiten – sogenannte Bewegungsinseln – zu schaffen, und dafür braucht man nicht unbedingt viel Platz.

„Bewegung" muss zudem nicht gleich heißen, dass man unter Einsatz des gesamten Körpers schweißtreibende Tätigkeiten durchführt. Die Bewegung kann auch klein sein, etwa lediglich mit den Fingern gemacht werden. Von diesen füh-

> ❯Tipp 6

ren sehr viele Sensoren direkt zum Gehirn (Tipp 6).

Auch ein steter Wechsel vom Sitzen zum Stehen ist schon günstig, weil das Gleichgewichtsorgan im Ohr nicht immer die gleichen Signale senden muss. Gehirn und Gleichgewichtsorgan sind so eng miteinander verbunden, dass weitaus weniger Langeweile auftrifft, wenn man in regelmäßigen Abständen den Platz wechselt. Es gibt also viele Möglichkeiten, ohne viel Aufwand den Unterricht mit Bewegung zu verbinden.

97

Ein Anstieg in der Anzahl der Synapsenverbindungen erfolgt, wenn das Gelernte direkt mit Bewegung verknüpft wird. Das bekannteste Übungsbeispiel aus dem Unterricht, das sich dies zunutze macht, ist vermutlich das Laufdiktat (Tipp 61). Es gibt daneben jedoch noch Hunderte weiterer Möglichkeiten.

❯ Tipp 61

Gleich mal ausprobieren

- **Verben in Bewegung:** Sie wählen einen kurzen Text aus Ihrem Lehrwerk aus und schreiben die Verben darin, die Sie üben wollen, auf Karten. Sie zeigen den Schülern eine Verbkarte und machen eine Bewegung dazu, die nicht unbedingt zum Verb passen muss (linken Arm heben, Knie hoch, drehen etc.). Die Schüler ahmen die Bewegung nach und prägen sich das Verb mit der Bewegung ein. Führen Sie in dieser Form vier oder fünf Verben ein und lassen Sie die Schüler die Bewegungen üben. Dann lesen Sie den Lehrbuchtext vor und immer, wenn die Schüler eines der gelernten Verben hören, machen sie die passende Bewegung. Es kann auch ein Schüler den Text lesen. Varianten: Die Schüler denken sich selbst Bewegungen zu den Verben aus. Es können auch Nomen oder Adjektive auf diese Weise eingeführt werden.
- **Liedtextpflücken** (vgl. Böschel 2015): Bei dieser Übung arbeiten die Schüler in Gruppen von maximal vier Personen. Zur Vorbereitung kopieren Sie einen Liedtext in der Anzahl der Gruppen, zerschneiden die Kopien jeweils entweder in größere Abschnitte oder Zeile für Zeile und stecken sie in einen Briefumschlag pro Gruppe. Dann verteilen Sie die Briefumschläge an die Gruppen. Diese legen die Zettel gut sichtbar auf einen Stuhl und stellen sich davor. Wenn das Lied beginnt, gehen die Schüler um ihren Stuhl, und wer eine Zeile hört, nimmt sich schnell den passenden Zettel. Gewonnen hat am Ende derjenige, der in der Gruppe die meisten Schnipsel hat. Danach sollen die Schüler versuchen, die Schnipsel in die richtige Reihenfolge zu bringen, und ihre Lösung mit der CD überprüfen.

> Varianten: Sie können auf den Stühlen z. B. auch Vergangenheitsformen von Verben legen, die in dieser Form in einem Text vorkommen. Sie lesen den Text vor, und wenn die Schüler ein Verb hören, nehmen sie es sich. Danach kann damit ein neuer Text geschrieben werden. Es funktioniert mit phonetischen oder lexikalischen Themen.
>
> Geben Sie den Hinweis, zwischendurch die Richtung zu wechseln, sonst kann es zu leichtem Schwindel kommen.

THEATERPÄDAGOGIK INTEGRIEREN

98

> Tipp 56

Theaterpädagogik ist für den DaZ-Unterricht hervorragend geeignet, weil die Schüler in Rollen schlüpfen und sich selbst als Person auf diese Weise schützen können (Tipp 56). Das kann allerdings auch genau zum Problem werden: Die Schüler geben ihre Selbstkontrolle auf, und das Ganze wird zu albern. Für den DaZ-Lehrer ist das also eine Gradwanderung und er muss erkennen, ab wann er lenkend eingreifen sollte. Theaterpädagogische Übungen lohnen sich insgesamt jedoch, denn die positiven Effekte sind deutlich erkennbar. Nicht nur sprachliche Erfolge sind zu verzeichnen, sondern auch solche die komplette Persönlichkeit betreffend (vgl. Küppers/Schmidt/Walter 2011).

Gleich mal ausprobieren

- Eine bekannte Übung zum Kennenlernen besteht darin, dass man den eigenen Namen mit einer Geste verbindet und die anderen diese im Kofferpacken-Prinzip wiederholen.
- Eine sehr schöne Wortschatzübung: Man einigt sich auf eine schwer einzuprägende Vokabel; ein Schüler improvisiert und strickt um das Wort herum einen Monolog. Dabei nennt er das Wort permanent. Eine andere Person versucht, zeitgleich das Gesagte mit Pantomime zu unterstützen. Bei dem Spezialwort macht sie jedes Mal dieselbe lustige Bewegung (fällt z. B. hin und steht wieder auf). Das ist nach einer Weile so komisch, dass alle – Beteiligte wie Zuschauer – das Wort niemals wieder vergessen können.

Um Redensarten zu üben, kann man sie wörtlich nehmen. Jeder Schüler bekommt eine Redensart. (Die verwendeten Redensarten sollten vorab erklärt worden sein). Dann verteilen sich alle im Raum. Bei einem Signal gehen immer zwei Schüler aufeinander zu, führen einander ihre Redensart wortwörtlich vor und der jeweils andere soll raten, was gemeint ist. Dann werden die Zettel getauscht. Beispiele für geeignete Redensarten: *jemandem die Ohren langziehen / auf die Finger klopfen / die Hand reichen / etwas auf die Nase binden / den Kopf verdrehen / den Rücken kehren, jemanden um den kleinen Finger wickeln, vor jemandem in die Knie gehen ...*

Auch nett ist es, unterschiedliche Gefühlszustände zu spielen: Zwei Schüler erhalten dasselbe Thema, z. B. „das Wetter". Der eine soll nun darüber jammern, der andere soll es toll finden (vgl. Maute 2013).

MIT RHYTHMUS ARBEITEN

99

Sie suchen immer nach tollen Liedern, mit denen Sie im Unterricht arbeiten können? Eine wunderbare Ideensammlung, nach Niveaus und Fertigkeiten strukturiert, bietet der Blog *deutschmusikblog*.de von Freya Conesa. Dort finden sich aktuelle Songs didaktisiert, Videos mit Ideen und jede Menge Anregungen zur Arbeit mit Musik im Unterricht.

Eigentlich alles lässt sich schnell mit einem guten Takt verbinden: Rhythmus funktioniert immer und wirkt zudem sehr motivierend. Die Schüler sind dabei die besten Lehrer!

Rhythmus funktioniert immer

Besonders leicht ist es, mit Body-Percussion anzufangen und auf die einzelnen Beats Redemittel zu legen. Das Stampfen der Füße ist das Metrum. Die Hände können klatschen oder auf die Brust bzw. auf irgendein anderes Körperteil schlagen. Immer kommt ein anderer Sound zustande. Auch Schnipsen gehört dazu und das Zungenschnalzen. Verbunden mit Geräuschen hat man schon fast ein ganzes Orchester zusammen.

REGISTER

(Die Verweise beziehen sich auf die jeweiligen Tipp-Nummern.)

Birkenbihl, Vera F. (1998): Sprachen lernen leicht gemacht! Die Birkenbihl-Methode Fremdsprachen zu lernen: Vokabelpauken verboten, schnelles Anwenden, verblüffend einfach. Offenbach: GABAL

Bohn, Rainer (2000): Probleme der Wortschatzarbeit. Fernstudieneinheit 22. München: Goethe-Institut

Böschel, Claudia (2015): Fremdsprache in Bewegung. Variadu-Verlag. (Zu beziehen über: www.claudia-boeschel.de)

Böschel, Claudia/Dusemund-Brackhahn, Carmen/Finster, Andrea (2011): Ja genau! Kurs- und Übungsbuch mit Lösungen und Audio-CD, Band A2, 2. Berlin: Cornelsen

Böschel, Claudia/Giersberg, Dagmar/Hägi, Sara (2010): Ja genau! Kurs- und Übungsbuch mit Lösungen und Audio-CD. Band A2, 1. Berlin: Cornelsen

Bröhm-Offermann, Birgit (1989): Suggestopädie. Sanftes Lernen in der Schule. Lichtenau: AOL/Göttingen: Die Werkstatt.

Damm, Verena/ Brinitzer, Michaela (1999): Grammatik sehen: Arbeitsbuch für Deutsch als Fremdsprache. Ismaning: Hueber

Diakonisches Werk Württemberg (Hrsg.) (2001): Trainings- und Methodenhandbuch Bausteine für eine Interkulturelle Öffnung

Engin, Havva (2012). Auszug aus Vortragsmanuskript. http://docplayer.org/10357447-Jeder-fachunterricht-ist-auch-sprachfoerderunterricht.html

Fischer, Sylvia (2005): Sprechmotivation und Sprechangst im DaF-Unterricht. In: gfl-journal, No. 3/2005

Frey, Evelyn (1999): Kursbuch Phonetik. Lehr- und Übungsbuch. Ismaning: Hueber

Frick, René/Mosimann, Werner (2001): Lernen ist lernbar.
Eine Anleitung zur Arbeits- und Lerntechnik. Aarau: Bildung
Sauerländer

Funk, Hermann (2010): Methodische Konzepte für den
Deutsch als Fremdsprache – Unterricht. In: Krumm, H. J. et al.
(Hrsg): Handbuch Fremdsprachenunterricht. Berlin:
de Gruyter. 939–951

Gantefort, Christoph/Roth, Hans-Joachim (2008): Ein Sturz
und seine Folgen. Zur Evaluation von Textkompetenz im
narrativen Schreiben mit dem FÖRMIG-Instrument ‚Tulpenbeet'. In: Klinger, T./Schwippert, K. /Leiblein, B. (Hrsg.) (2008):
Evaluation im Modellprogramm FÖRMIG. Planung und
Realisierung eines Evaluationskonzepts. Münster: Waxmann,
S. 29–50

Grosse, Julia/Reker, Judith (2010): Versteh mich nicht falsch!
Gesten weltweit – das Handbuch. München: Bierke

Grötzebach, Claudia (Hrsg.) (2008): Spiele und Methoden für
ein Training mit Herz und Verstand. 70 Methoden für ein
aktivierendes Training. Offenbach: GABAL

Häussermann, Ulrich/Piepho, Hans-Eberhard (1996): Auf-
gaben-Handbuch : Deutsch als Fremdsprache. Abriss einer
Aufgaben- und Übungstypologie. München: Iudicium

Hirschfeld, Ursula/Reinke, Kerstin (2014): 44 Aussprachespiele.
Stuttgart: Klett Sprachen

Kaufmann, Susan (1999): Ganz schön gemischt: Heterogenität
als Chance für den Unterricht. In: Bildungsarbeit in der
Zweitsprache Deutsch 2, 30–46

Klein, Kerstin (2002): So erklär' ich das! 60 Methoden für produktive Arbeit in der Klasse. Mülheim an der Ruhr: Verlag an der Ruhr

Kleppin, Karin (2003): Sprach- und Sprachlernspiele. In: Bausch, K.-R./Christ, H./Krumm, H.-J. (Hrsg.): Handbuch Fremdsprachenunterricht. Tübingen/Basel: Francke. S. 263–266

Klinger, Thorsten/Schwippert, Knut/Leiblein, Birgit (Hrsg.) (2008): Evaluation im Modellprogramm FörMig: Planung und Realisierung eines Evaluationskonzepts. Münster: Waxmann

Kunze, Ingrid (2009): Begründungen und Problembereiche individueller Förderung in der Schule. – Vorüberlegungen zu einer empirischen Untersuchung. In: Kunze, I./Solzbacher, C. (Hrsg.): Individuelle Förderung in der Sekundarstufe I und II. Baltmannsweiler: Schneider-Verlag Hohengehren, 13–26

Küppers, Almut/Schmidt, Torben/Walter, Maik (Hrsg.) (2011): Inszenierungen im Fremdsprachenunterricht: Grundlagen, Formen, Perspektiven. Braunschweig: Diesterweg

Lattanzi Roser, Susan (2009): Energizers! 88 Quick Movement Activities That Refresh and Refocus. Northeast Foundation for Children

März, Reinhard/Straußberger, Jürgen (2010): Demenz und Soziale Arbeit. Sozialmagazin, 12/2010, S. 18–22

Maute, Gabriele (2013): Spielübungen. http://www.theater-in-der-schule.de/spieluebungen/Spieluebungen_fuer_Theatergruppen.pdf

Mithra, Salome P (2010): 77 Methoden für den aktiven Umgang mit Texten. Mülheim an der Ruhr: Verlag an der Ruhr

Nitsche, Pearl (2009): Nonverbales Klassenzimmer Management. 2. Aufl. Untermeitingen: Reichardt Printyourbook

Rampillon, Ute (1995): Lernen leichter machen. Deutsch als Fremdsprache. Ismaning: Hueber

Schwerdtfeger, Inge C. (2001): Gruppenarbeit und innere Differenzierung. Fernstudieneinheit 29. Berlin: Langenscheidt

Weis, Ingrid (2013): Wie viel Sprache hat Mathematik in der Grundschule? Verfügbar unter: https://www.uni-due.de/imperia/md/content/prodaz/wie_viel_sprache_mathematik_grundschule.pdf